改變態度，你就會幸福

全集

英國政治家狄斯雷利曾經說過：「人類難以控制環境，然而，卻能掌控自己的心境。」人之所以活得痛苦，往往是被負面情緒束縛。我們身處什麼樣的環境，或許不是我們自己可以決定和掌握的，但是，只要我們願意，絕對可以藉由改變自己的心境，重新改寫自己的人生。

先學會放下，才能自在活在當下

千江月——編著

避現實只會讓自己過得更加痛苦！
得適時改變自己的心境，放下那些虛無、偏頗、怨懟、嫉妒、自以為是……等等
縛自己心靈的枷鎖，人生才有寬闊的出路，不繼續沉陷痛苦之中。

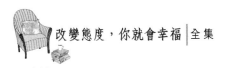

出版序 ────────────────── • 千江月

先學會放下，才能自在活在當下

人生過程中，所有發生在於我們身上的逆境與困境，其實都是心境造成的；不是環境限制了我們，而是我們囚禁了自己。

　　諾貝爾文學獎得主威廉•福克納曾說過一句膾炙人口的名言：「兩個人從同一座城堡，由內往外望，一個望見的是泥土，另一個望見的是星星。」

　　我們的態度左右著我們的心境，我們的心境則決定我們看到的天空是什麼顏色。儘管很多時候，我們對自己置身的環境充滿無力感，但是，仍然可以透過調整自己的心境，望見屬於自己的美麗星星。

　　改變態度才會讓自己更加幸福，不必哀怨愁苦，不必一味嘆氣，只要願意轉換面對事物的態度，你就會恍然發現，眼前的環境其實沒有自己想的那麼糟。

　　懂得放下內心那些偏執的臆想與負面情緒，人才能在艱困的環境中活得快樂；虛無、偏執、逃避現實，只會讓自己陷入更巨大的痛苦和挫折之中！

　　當一個人剛剛投入一個新環境，對於各個方面都需要重新
適應，諸如語言、生活方式、甚至風俗民情……等等，然而，
其中最重要的，應該還是心態上的調整，才不會動輒用小事折
磨自己。

　　美國作家玫琳凱・艾施曾說過一個相當耐人尋味的故事。

　　二次大戰期間，一位原本居住在美國中部的婦女，因丈夫
從軍，任務在身，必須駐防加州，於是她也跟著前往加州，住
在靠近沙漠的營區裡。

　　營區生活條件很差，先生原本不願讓太太跟著一起吃苦，
但是，做太太的堅持要一起去，與丈夫同甘共苦。最後，他們
只好找一間靠近印第安村落的小木屋，安定下來。

　　當地的天氣悶熱難當，連勉強算是蔭涼的地方，也至少高
達攝氏四十六度，陣陣熾熱的焚風，總是呼呼地颳個不停，漫
天塵土到處飛揚，讓人動不動就吃了滿口風沙。

　　驟然遠離自己熟悉的環境，來到人生地不熟的地方，身邊
一個熟人也沒有，而且鄰居全是些不懂英語的印第安人，一旦
丈夫必須外出，更因為語言不通，只能將自己關在屋裡，哪也
不敢去。

　　日子久了，這位婦女簡直悶壞了，心裡實在難熬。

　　一次，丈夫又必須外出兩週參加部隊演習，獨自在家的妻
子備感寂寞，忍不住寫信向母親抱怨說她要回家。

　　她很快地接到母親的回信，信中引用作家威廉・福克納的
名言：「兩個人從同一座城堡向外望，一個看到的是泥巴，一
個看到的是星星。」

　　她將母親的信看了又看，思索了許久，心想：「好吧！那

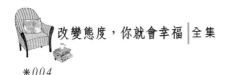
我就試著去找窗外的星星吧。」

於是，她走出屋外，嘗試和鄰近的印第安鄰居交朋友，請他們教她如何編織和製陶。印第安人熱情地接納了她，在印第安人的部落中，她找到了自己遺忘已久的快樂心情，得到了許多她不曾體會的感受。

她從此迷上了印第安的文化、歷史、語言……等種種有關印第安人的事物。

不僅如此，她甚至還開始研究起沙漠來，很快地，這片原本被自己視為荒涼之地的沙漠，竟也成為她眼中最神奇迷人、充滿生氣的地方。

最後她成了沙漠專家，也出版了這方面的著作，她的生活過得比原先在中部時更加豐富多彩。

英國政治家狄斯雷利曾經說過：「人類難以控制環境，然而，卻能掌控自己的心境。」

人之所以活得痛苦，往往是被負面情緒束縛。我們身處什麼樣的環境，或許不是我們自己可以決定和掌握的，但是，只要我們願意，絕對可以藉由改變自己的心境，重新改寫自己的人生。

逃避現實只會讓自己過得更加痛苦！懂得適時改變自己的態度，放下那些虛無、偏頗、怨懟、嫉妒、自以為是……等等束縛自己心靈的枷鎖，人生才有寬闊的出路，不繼續沉陷痛苦之中。

處事的態度總是取決於一念之間，悲觀的想法，往往注定

了悲觀的結果，使得自己沉浸在鬱鬱寡歡的境地，無形中喪失
了前進的動力，忍不住就想退縮，只想藏身在安全的角落。但
是，倘若能轉念一想，以不同的角度重新出發，說不定反而尋
覓到另外一片不同的風景。

　　你眼中看到的，究竟是一地亂糟糟的稀泥，還是滿天閃爍
的星斗？

　　作家賀伯曾經說過一句話，值得我們深思：「雖然你無法
改變自己的處境，但是你卻可以改變自己的心境。」

　　人生過程中，所有發生在於我們身上的逆境與困境，其實
都是心境造成的；不是環境限制了我們，而是我們囚禁了自己。

　　想要生活過得自在，必須先敞開真心，放開一切既定的成
見與包袱，才能跳脫原本的罣礙。以尋覓星光的態度出發吧！
至於滿地無關緊要的爛泥，不如就踩在腳底，拋在身後吧！

以輕鬆的情緒面對煩鬱

PART 1

覺得苦悶煩鬱時，
不妨以誇張的態度來面對，
說不定反而會從中嚐到一點趣味，
嚐到一點快樂。

善用智慧，才能佔盡優勢

PART 2

達到目的的途徑絕對不只一條，
善用智慧選擇一條適合自己的道路，
方能事半功倍地走完全程。

3 PART 不能適應，就設法改變心境

當環境或工作流程不符合自己所願的時候，
與其不停地埋怨，
還不如費些心思在自己能力範圍內去謀求改變。

4 PART 改變才是成功的關鍵

也許你沒有顯赫的家世背景，
沒有令人羨慕的耀眼學歷，
更沒有一個富可敵國的老爸，
但是，只要你肯改變心態，
照樣可以出頭天。

心態決定你的未來

PART 5

對於每日應做的工作，
若能花費心思深入瞭解，
仔細覺察其中奧妙，
說不定能因此產生興趣，
往前邁進一大步。

懂得感恩，做事才會認真

能夠對每一粒米都懷著感恩的心的人，
面對任何的人事物一定都能用相當的誠心去處理，
進而對所有的事物負責。

7

PART

奇蹟，來自智慧的累積

如果你認為事情只有一種處理方式，
就只會依照常理進行，
但是，腦筋稍微拐個彎，
說不定就會有截然不同的發展。

8

PART

把優點放在別人看得到的地方

如果不能把自己的優點放在別人看得見的地方，
就很難會有出線的機會，沒有做事的機會，
又哪來成功的機會呢？

忙碌，要忙得有價值

PART **9**

忙碌，要忙得有價值，
不要常常讓自己沉浸在忙碌的情緒之中，
最後模糊了自己的人生目標，
成為一個走不回來的人。

信念足以影響你的一生

PART **10**

赫胥黎說：
「人生不是受環境支配，而是受思想擺佈。」
心靈的力量是很驚人的，
我們的心靈不只能夠左右我們的行為，
更能主宰生命。

1.

以輕鬆的情緒面對煩鬱

覺得苦悶煩鬱時，

不妨以誇張的態度來面對，

說不定反而會從中嚐到一點趣味，

嚐到一點快樂。

用對技巧可得到最大成效

在對的時機使用了對的方法，就可以不著痕跡地讓對方做出你預期中的事，比別人多花許多心思，才能收得奇功。

幽默的方法有許多種，有的指桑罵槐，有的含沙射影，有的借古喻今，有的拿自己開玩笑……，目的都在於將對方的注意力導向自己意圖的位置，達成預期的效果。

就好像好的網球選手，不只能夠確定自己擊出的球向，更能夠預測對手回擊的落點，然後先一步破解對方的攻勢；應對進退之時也是如此，最聰明的做法，就是不著痕跡地讓別人順從自己的想法。

法國寓言家拉封丹有每天吃一個馬鈴薯當早餐的習慣。

有一次，馬鈴薯煮得太燙，實在難以入口，他便把馬鈴薯放在壁爐上待涼，打算先到客廳裡看看報紙再回來吃早餐。結果，當他回到飯廳的時候，卻發現馬鈴薯不翼而飛，心知肯定是誰偷吃了。於是，他故意大聲地叫喊起來：「糟了，是誰吃了我放在壁爐上的那個馬鈴薯？」

　　正在打掃飯廳的僕人，立刻說：「不是我。」

　　拉封丹故作姿態，彷彿鬆了好大一口氣，說：「那就好，那就好。」

　　僕人看到拉封丹的舉動，不禁有點緊張，小心地問：「怎麼啦？」

　　拉封丹回答：「我在馬鈴薯裡放了一點砒霜，打算拿來毒死老鼠。」

　　僕人果然臉色大變，驚叫：「砒霜！我的天啊……我中毒了！」

　　拉封丹知道「兇手」是誰了，微笑地拍拍那名年輕人的肩膀說：「孩子，別擔心，你並沒有真的吃進砒霜，不好意思開了你一個玩笑，我只是想知道事情的真相罷了。」

　　想要捕捉獵物，必須先對獵物有所了解，思考他的可能行徑和反應，然後在其必經之路設下陷阱，安排令他無法抗拒的誘因，製造讓他無法脫逃的環境。當你把每一個環節都想得透徹的時候，當你把每一個步驟都確實完成的時候，捕獲獵物的機會就比別人大得多了。

　　拉封丹提供了誘因，引起僕人犯罪，儘管他並沒有怪罪之意，但是為了尋求真相，他設下了語言上的陷阱，僕人果然落入了陷阱之中，自露馬腳。

　　在對的時機使用了對的方法，就可以不著痕跡地讓對方在不知不覺中，做出你預期中的事。

　　舉個例子來說，當一個母親希望孩子不要賴床的時候，死

拖活拉、大發脾氣可能也沒有太大效果，孩子就算起來了，還是睡眼惺忪迷迷糊糊，像個小傀儡似的，被媽媽拎來拎去，這種結果恐怕只會令人更加生氣。倒不如想個幽默的法子，讓孩子真正清醒過來。

有位家長就利用一只紅鼻子，讓孩子在笑聲中清醒過來。

一早，他走進孩子的臥房，兩個小孩仍在呼呼大睡，他搖了搖他們的手臂，孩子們還是毫不理會。

於是，他拿出口袋裡的紅鼻子戴上，扮成小丑的模樣，故意誇張地大力搖晃兒子的身體，小孩勉強睜開眼睛，卻再也睡不下去了。本來以為是自己眼花，眨眨眼幻覺卻沒有消失，紅鼻子真的在眼前，再睜大眼睛發現是自己老爸，忍不住就笑了出來，這一笑整個人便清醒了過來。

兒子清亮的笑聲，把妹妹也吵醒了，就這樣完成叫孩子起床的任務。

如果真的想贏，你必須比別人多花許多心思，你必須出奇制勝，才能收得奇功，達到目的。

以輕鬆的情緒面對煩鬱

覺得苦悶煩鬱時，不妨以誇張的態度來面對，說不定反而會從中嚐到一點趣味，嚐到一點快樂。

無妄之災最易讓人感覺沮喪，錯不在己，衰事卻掉到頭上，怎麼一個「悶」字了得？如果還無處可訴或有苦難言，更是會悶到了極點。

當你感到煩悶的時候，更要想辦法從周遭找到更多的快樂，才能將這些鬱悶的情緒漸漸排除。

苦中作樂，乍聽之下好像很悲哀，但是如果身在苦中尚不能努力找尋快樂與歡笑，不就只剩下苦而已了嗎？

有個人住進一家便宜的旅舍，半夜被床鋪裡的跳蚤、臭蟲擾得沒有片刻安寧，實在受不了，忽然從床上爬起來，把燈點得大亮。然後，他走到房門口，用力把門拉開再關上。約莫一分鐘以後，他輕輕地把門打開，再輕輕閤上，然後輕輕踮著腳尖回到床上睡覺。

和他同房的旅客被他這麼一鬧也醒了過來，對他的舉動感

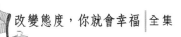
到莫名其妙，忍不住問他搞什麼鬼。

他以極小的聲音回答：「噓，小聲點，我要讓那些臭蟲以為我走了。」

面對無法改變的環境，需要更多的幽默感，這名旅客以最誇張的行徑與態度排解自己的懊惱，那位被吵醒的旅客原本可能的怒氣，恐怕也會被他的「誇張」逗笑，氣不起來吧。

陳述問題，解決問題，不一味抱怨，能夠得到的同情票會多得多。有問題，當然會很煩惱，只是，把自己困在問題裡面，眼睛必定看不到光明的答案，只會讓自己更加沮喪，找不到解脫的出口。

以睥睨的態度，嘲笑生命裡的荒謬，你可以把心底的困惑和無力降低。踩到狗屎，不是你的錯，錯在那隻隨處大便的狗和不把狗屎清理乾淨的狗主人。你能做的，就是把腳上的狗屎擦掉、洗掉，然後小心別再踩到下一坨，懊惱和埋怨已經發生的過往，根本無濟於事。

小時候生病，中藥吃起來實在苦到極點，難以下嚥，但長輩總拿了塊梅餅哄著，反正藥不能不喝，為了嚐那梅餅的甘甜味，再難喝也要把那黑糊糊的藥湯灌進喉嚨裡。

越是難喝的藥湯，喝完之後苦澀的嘴裡所嚐到的梅餅滋味越是甘甜。

把苦處瞧小，苦處對我們的影響就減低了一點。覺得苦悶鬱煩時，不妨以誇張的態度來面對，說不定反而會從中嚐到一點趣味，嚐到一點快樂。

用幽默的態度開拓人生的寬度

善用幽默的技巧，可以幫助我們潤滑人與人
之間的關係，化解不必要的衝突。改變生活
的態度，就能輕鬆贏得人生的寬度。

　　人生豈能盡如己意，不如意的事情多了，日子就難過了。
但是，日子再難過還是得過，不是嗎？何不學著以幽默的角度
來看待生活中的困境，以輕鬆的態度來面對問題？壓力減輕了，
心情自然好，心情變好了，事情說不定也會跟著轉危為安。

　　幽默大師林語堂在〈談幽默〉一文裡，曾經這麼說：「現
代人把人生看得太嚴重，世界就充滿了苦惱。我們不應該忽略
了幽默的重要性，因為幽默感可以改變整個人類文化生活的性
質。」

　　培養幽默感，可以讓我們的生活過得更快樂。

　　從前有過這麼一個故事，故事裡的主角緬伯高就是靠著幽
默感來讓自己脫離險境，免去被砍頭的命運。

　　唐朝時，有一個地方官，偶然得到了一隻稀有的飛禽——
天鵝，便派一位名叫緬伯高的心腹送去給皇帝作為貢品。

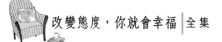

　　緬伯高就這麼抱著天鵝往京城出發。走著走著，走到了沔陽湖邊，緬伯高越看越覺得這隻天鵝的毛羽不夠雪白，就打算停下來幫天鵝洗個澡。

　　只見他小心翼翼地將天鵝放入水中，正要動手幫天鵝把羽毛刷洗乾淨。不料，手才一放，天鵝就振翅飛走了，只飄飄落下一根鵝毛，掉在緬伯高跟前。

　　緬伯高既沒有辦法捉回天鵝，又不敢違背地方官的命令，只好拿著這根鵝毛來到京城晉見皇帝。他害怕會因此受到皇帝的處罰，於是就編了一首順口溜：

　　「將鵝貢唐朝，山高路遙遙；沔陽湖失去，倒地哭號號。

　　　上覆唐天子，可饒緬伯高？禮輕情意重，千里送鵝毛。」

　　大意就是：我經過了萬水千山來向您朝貢，可是到了沔陽湖時天鵝卻飛走了，令我悲痛欲絕；今天特地前來懇求唐朝天子，請您饒了緬伯高。再說，千里送鵝毛，禮物雖輕卻是情意深重。

　　皇帝收到一根鵝毛為禮，心裡豈會高興到哪裡去？但是聽了緬伯高的說法後又不覺莞爾，便下令饒恕了他。

　　緬伯高雖然不小心壞了事，但憑著他的機智總算保住了一條性命。他以幽默的話語，調侃自己的遭遇，雖然天鵝沒送成，但至少也達到博君一粲的效果。

　　莎士比亞曾經這麼說：「誰要是能夠把悲哀一笑置之，悲哀也會減弱它咬人的力量。」

　　人生總有很多時候難免事與願違，縱使我們再不情願，也

無力去改變。例如，老天要下雨颱風淹大水，這些都不是我們
能掌握的狀況，除了想辦法將災害降到最低之外，又有什麼方
法？

　　遇到挫折，總會讓人感到難過，對於那些無能為力的問題
狀況，更是讓人既無奈又沮喪。可是，不論我們怎麼預防，挫
折還是會出現，失敗還是在所難免。我們當然可以選擇憎恨和
埋怨，但是那也於事無補，不是嗎？

　　如果面對這樣的挫折，能以幽默的態度視之，事情也似乎
變得不那麼嚴重了。

　　知名作家米蘭‧昆德拉在書中曾經這麼說：「既然生命始
終不如人意，那就把它當成是一種玩笑吧！」

　　能夠笑看人生悲歡離合的人，應該也是心靈最富有的人吧！

　　日本教育家池田大作說：「幽默是人類情感的自然流露，
直接聯結在對方的本性上，可以像潤滑油一樣滋潤人生。」

　　善用幽默的技巧，可以幫助我們潤滑人與人之間的關係，
化解不必要的摩擦和衝突；改變生活的態度，就能輕鬆贏得人
生的寬度。

有些事，不要說破比較好

當感受到別人的善意時，別忘了要以善意回報；懂得體貼別人的感受，才能獲得別人的尊重。

在人生的旅途中，總會出現許多「貴人」，提供了許多不同的建議。能夠虛懷若谷，虛心地接受他人的意見，當然可以幫助自己釐清混亂的思緒，說不定這是及時照亮自己生命的一盞明燈。

可是有時候，「貴人」一下子出現太多，給了完全相反的建議，那麼究竟該聽誰的呢？會不會反而讓原本的情勢變得更加混亂呢？

萬一，別人的建議和自己的思考方向截然相反，又該如何是好？如果斷然推拒，又是否會被視為不知好歹或目中無人呢？

有一回，日本知名的歌舞伎大師勘彌，在劇中扮演古代一位徒步旅行的旅人，當他正要準備上場表演時，一個門生好意地提醒他說：「師傅，您的草鞋帶子鬆了。」

他回答了一聲：「謝謝你。」然後蹲下來，繫緊了鞋帶。

然而，當他走到門生看不到的舞台入口處時，卻又蹲下，將才剛繫緊的鞋帶又再度扯鬆。

戲一開鑼，這才知道他是想以拖著鬆鬆垮垮的草鞋，來表現旅人長途旅行的疲態，如此細膩的演技，讓人看出勘彌的過人之處。

這一幕，正巧落入一位到後台採訪的記者眼中，等戲演完了，記者連忙藉機問勘彌：「為什麼你不直接告訴那位門生你的想法呢？顯然他是不懂得這幕戲的真諦呀。」

勘彌只是笑笑地回答說：「對於別人的親切關愛與好意，必須坦然接受，想要教導學生演戲的技能，機會多的是，在今天的場合，最重要的是，要以感謝的心，去接受別人的提醒。」

別人提出的建議，不論適不適用，多半都是出於好意與關心，是以善意為出發點。但是，既然是別人，自然就不會明白自己內心的真實想法，有時難免會有幫錯忙或幫倒忙的情事發生。

為了避免這種狀況發生，是否就非得採取斷然拒絕的方式？

如果勘彌直接拒絕門生的好意，要他不必雞婆，那麼，是否會因此刺傷門生，使他心中產生羞愧的陰影？至於勘彌本人，即將上台的心情，是否也會因此受到影響？

讓對方伸出的友誼之手僵持在半空中，下不了台的恐怕不只對方一人吧，連當事人自己也會尷尬得很！

所以，勘彌的處理方式很值得讓我們進一步思考。勘彌當然可以直言不諱，指出門生不懂之處，給他當頭棒喝，這個教

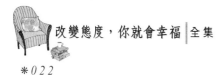

訓應該會讓門生印象深刻，但是，相對的，心中的羞辱感，必定也是久久揮之不去吧！

如何透過委婉的方式讓門生理解事物的真諦，才是教育的最佳形式。

傳道、授業、解惑，可不是只有一種方法而已，重要的是從各個層面讓學生有所學習，有所收穫。勘彌溫和不傷人的做法，顧全了彼此的尊嚴，也維持了當時的和諧氣氛，不愧是一代宗師。

當感受到別人的善意時，別忘了要以善意回報；懂得體貼別人的感受，才能獲得別人的尊重。

迷信權威，不如相信自己

要有判斷是非對錯的能力，只要認為自己是對的，就要極力堅持到底，因為就算你不是專家，也不一定就是輸家。

　　愛因斯坦曾經說過：「專家只不過是訓練有素的狗。」然而，在現今的社會中，許多人還是不免要聽任專家與權威人士擺佈。

　　打開電視、報章、雜誌，每天都有專家教你吃，教你打扮，教你如何生活、教你如何炒股票……。

　　當然，所謂的專家和權威人士，的確代表他們的做法在某些領域中有過較為突出的表現，所說的方法也得到較多數人的認同，所提出的意見有些時候確實很有參考價值。

　　但是，專家和權威人士也是不斷在摸索、不斷在修正的凡人，是否要將他們的話奉若圭臬，毫不考慮地全盤接受，就很值得商榷了。

　　成功人士與一般人最大的不同是，他們用「心眼」看世事萬物，因此能做出正確判斷，一般人則一味相信別人嘴裡說的，老是吃虧上當。

　　有什麼樣的定位，就有什麼樣的人生。相信自己的判斷，

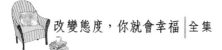
就不會隨著別人的話語起舞，也不會把命運的決定權交給別人。

世界知名的日裔交響樂指揮家小澤征爾，在一次歐洲指揮大賽的決賽中，按照評委會給他的樂譜指揮演奏時，發現幾處感覺不太和諧的地方。

他認為是樂隊演奏錯了，於是停了下來，要求重新演奏，但一連試了幾次，仍然覺得不如己意。

當時，在場的多位作曲家和評委會的權威人士都鄭重地說明，樂譜絕對沒有問題，那只不過是小澤征爾的錯覺罷了。然而，這些音樂大師和權威人士的一致保證，卻無法化解小澤征爾心中的疑惑，依據他的專業判斷，認為樂譜本身一定有瑕疵。

他低頭沉默地思考再三，突然大吼一聲：「不，一定是樂譜錯了！」

他的話音剛落，評審台上立刻報以熱烈的掌聲。

原來，這是評委們精心設計的圈套，以此來檢驗指揮家們在發現樂譜錯誤並遭到權威人士「否定」的情況下，能否堅持自己的正確判斷。

在小澤征爾之前的兩位參賽者，雖然也同樣發現了問題，但最終卻因選擇屈服於權威，不敢提出質疑，所以遭到淘汰。

小澤征爾堅持自己的信念，勇於挑戰權威，因此，贏得了這次指揮家大賽的桂冠殊榮。

專家也可能判斷錯誤，專家也可能受到蒙蔽，專家說的話，

不見得每件事都是毫無疑問的。

每一個人必須有自己的原則，必須有判斷是非對錯的能力，必須有勇於堅持到底的決心。

哲學家柯別里說過：「如果我們把自己比擬為泥塊，那我們最後就會成為被人踐踏的泥塊。」

如果凡事沒有自己的主見與堅持，只不過隨波逐流，盲目地追隨權威人士的腳步，不斷屈從於別人的想法，放棄自己的看法，終究會成為被人踐踏的泥塊而不自知。

幾年前，有位在電視頻道上為觀眾分析股票走勢的大師，剛開始的分析和內線消息的確讓某些人賺了錢，於是吸引了大量的股票族，紛紛加入成為會員，將之奉若神明。

只要他在電視上告訴大家去買某股票，第二天，就會因為買氣熱烈而拉出紅盤，或者只因他透露了某股票的壞消息，接著就引起劇烈的走勢震盪，來不及跑掉的人，就慘遭套牢。

原來，他是利用自己的威望，集結所有的散戶的力量，針對特定的股票進行炒作，當一大堆會員因聽信他的話而脫不了身時，權威大師早已於事前大量拋出手中持股，翹著二郎腿數鈔票了。

你能說那些被套牢的股票族愚笨嗎？

我想，他們只是不夠聰明，不敢相信自己罷了。

當他們的直覺告訴自己事情可能有問題的時候，卻選擇漠視心中的警訊，執迷不悟的結果，受傷害的當然是自己。

人要有判斷是非對錯的能力，只要認為自己的判斷是對的，就要極力堅持到底，因為就算你不是專家，也不一定就是輸家。

不忘感激，便不會喪失友誼

沒有誰理所當然該為誰做什麼事，當別人出於善意對你伸出援手時，別忘了也要隨時準備伸出自己的手。

雖然大多數人對於「以德報怨」、「感恩圖報」之類的道理耳熟能詳，但實際上，人性最大的盲點正在於，別人對自己有所虧欠的時候耿耿於懷，別人施惠於自己時，卻視為理所當然，事後忘得一乾二淨。

人與人之間的交往，其實是一種深刻的緣分，不論交往的過程與結果，都是很值得珍惜的一種經驗。

也正因為彼此互動頻頻，發生大大小小的摩擦是在所難免的事，千萬別用這些小事折磨別人和自己。

想擁有快樂的心境，就要時時清除那些積壓在心頭的情緒垃圾，否則，就只能困在負面情緒的噩夢中。

阿拉伯名作家阿里，有一次和吉伯、馬沙兩位朋友一起外出旅行。三個人來到一個山谷時，馬沙一不小心失足滑落山崖，幸好吉伯拼命拉住他，費了九牛二虎之力才將他救起。

　　當時，馬沙就在附近的大石頭上深深地刻下了一行字：某年某月某日，吉伯救了馬沙一命。

　　三個人繼續向前又走了幾天，來到了一處河邊，吉伯與馬沙卻為了一件小事吵起來，吉伯一氣之下打了馬沙一耳光。於是，馬沙也在沙灘上寫下一行字：某年某月某日，吉伯打了馬沙一耳光。

　　事後，他們結束旅程，阿里偶然再遇見馬沙，想起旅行中的過程，不禁好奇地問他：「為什麼當初你要把吉伯救你的事刻在石頭上，而將吉伯打你的事寫在沙上？」

　　馬沙回答：「我永遠都感激吉伯救我。至於他打我的事，隨著沙灘上字跡的消失，我也會忘得一乾二淨。」

　　人在生氣的時候，難免會有失去理智的行為，可能會口不擇言，可能會一時失手；如果雙方都不肯相讓，爭吵更是常有的事，倘若事態惡化，一段難得的情誼，很可能就因此而灰飛煙滅。

　　所以，馬沙將他與吉伯兩人之間的不愉快寫在沙上，讓它隨著時間的流動，漸漸淡去痕跡，彼此仍是好朋友、好夥伴，不會因為一點點無謂的嫌隙而記恨在心，成為殺死友誼的劊子手。

　　但相反的，若因為覺得朋友是自己人，所以認為朋友對自己好是理所當然的，久而久之，就會失去心中應有的感激，最後說不定還會讓自己變成了忘恩負義的傢伙。

　　朋友沒有欠你，沒有必要主動為你做任何事，就算你出口

要求，他也可以考慮考慮再說。如果他願意幫忙，不就是很夠意思了嗎？

　　不只面對朋友的幫助，必須要用這樣的心態，就連親密如家人之間給予的援助，我們都應當銘記在心，適時以自己做得到、最恰當的方式回應一切情誼和心意。

　　每個人都是獨立的個體，沒有誰理所當然應該為誰做什麼事。當別人出於善意對你伸出援手時，別忘了感恩圖報，日後也要隨時準備伸出自己的手，溫暖彼此的心。

懂得放手，才是智慧管理

讓屬下做自己該做的事，使他們發揮最大的
實力，才能集結眾人之力，使組織發揮真正
的功效。

有位成功學大師這麼說：「別幫屬下養猴子」，又說「別
帶屬下的猴子回家」，還說「別讓屬下的猴子跳到自己的背
上」。

這是管理學上常常提及的有趣例子，說明身為主管，要能
夠運用自己的智慧，成功且省事地領導自己的工作團隊，使他
們發揮最大效益。

管理上最重要的事，就是要懂得責任分工與充分授權。

關於組織管理，曾經有過以下這麼一個知名的例子。

彼得‧杜拉克是美國一位相當著名的管理學者，曾經擔任
美國通用汽車公司總經理的斯隆，則被西方管理學界譽為「現
代化組織的天才」。

一九四四年，斯隆聘請彼得‧杜拉克擔任通用汽車的管理
決策顧問。

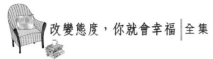

兩人初次見面時，斯隆對杜拉克說了這樣的話：「我不知道我要你研究些什麼，也不知道要你寫什麼，更不知道最後該得出什麼樣的結果，因為這些都是你的任務。」

斯隆唯一的要求，就是希望彼得‧杜拉克把自己認為正確的東西寫下來，不必顧慮公司的反應，也不必怕公司不同意。更重要的是，彼得‧杜拉克不必為了想讓自己的建議容易被公司接受而調和折衷，甚至是妥協。

斯隆說：「在我的公司裡，人人都會調和折衷，不必多你一個。當然，你也可以要求調和折衷，但你必須先告訴我們，『正確』是什麼，這樣我們才能做出正確的調和折衷。」

管理學家們認為，通用汽車後來之以能成為世界汽車業的龍頭，斯隆之以被稱為「組織天才」，從這段話就已經可以看出端倪。

在提案的過程中，提案者原先的構想，往往會遭遇別人主觀意見的重重打擊。好的結果是，互相激盪出智慧的火花，得出更有創意的企劃，但糟糕的結果則是雙方各持己見，最後提案者為求企劃通過，只好勉強妥協。

在惡性循環下，提案者往往會事先探詢主事者的想法，然後打蛇隨棍上，乾脆完全依照主事者的意見進行，甚至每一個步驟都直接問主事者究竟要怎麼做，無形之中把事情丟回主事者身上，試圖減少彼此之間的摩擦，自己也能夠樂得輕鬆。

這樣一來，或許真的比較不會有爭執，但是得的結果真的是團隊需要的嗎？還是這不過是一場主事者的主觀想法罷了？

　　這樣絕對不是真正的管理，如果絲毫不信任下屬，處處干
涉，堅持要求別人按照自己的方法去做，所得的效益實在堪慮。

　　因為，在眾多狗腿層層附和之下，許多錯誤的徵兆將因此
被淡化，甚至被掩蓋，最後事情出了差錯，該負責任的絕對不
是那些小嘍囉，而是所謂的決策領導者。

　　斯隆的確是一位善於管理的人才，因為像彼得‧杜拉克這
樣高薪延聘而來的幫手，如果只是做自己的傳聲筒、影印機，
又有何意義呢？

　　主管就是主管，下屬就是下屬，讓屬下做自己該做的事，
充分地授權，使他們發揮最大的實力，才能集結眾人之力，使
組織發揮真正的功效。

琢磨出興趣的第二專長

只要能於工作時間內將自己的本分完成，其餘的時間便全部都掌握在自己手中，要如何運用，當然也全看自己的安排。

許多激勵大師都強調：「自己愛做的工作才是最好工作」，也就是說，能以自己的興趣爲工作，才是最幸福的。

然而，也有人說，一旦你試圖將興趣當成謀生工具，興趣中的樂趣將會完全被消磨殆盡。

那麼，或許最好的方法，就是從兩者之中取得平衡，說不定能歡喜獲得料想不到的收穫。

在荷蘭，有一個年輕的農夫，學歷只有中學畢業，他離開自己的家鄉來到一個小鎮，幸運地找到一份替鎮公所看門的工作。這是一個相當穩定的工作，工作內容也不太複雜，於是他一直待在這個崗位上，工作了六十多年。他一生沒有離開過這個小鎮，也沒有再換過工作。

也許是因爲工作太清閒，而他當時又太年輕，不免想在工作之餘找些事情來做，好打發打發時間，於是，他選擇了費時

又費力的打磨鏡片，作為自己的業餘愛好。

就這樣，他磨呀磨，一磨就是六十年，一點也不覺得辛苦，反而磨出了興趣，對於琢磨鏡片的技巧有了相當多的領悟。

他是那樣地專注，細緻的磨鏡技術其實已經遠遠超過一般的專業技師了，由他磨出的複合鏡片，放大倍率都比別人的來得高。

後來，科學家藉由他所琢磨的鏡片，竟然發現了當時科技界尚未知曉的另一個廣闊的世界——微生物世界。從此，他的聲名大振，只有中學學歷的他，榮獲巴黎科學院院士頭銜，連英國女王都曾來到小鎮拜會過他。

這名創造奇蹟的小人物，就是科學史上大名鼎鼎，活到九十歲高齡的荷蘭科學家雷文霍克。

他實實在在地把手頭上的每一塊玻璃片磨好，用盡畢生的心血，致力於每一個平淡無奇的細節，力求每一個細節的完善，科學家們也因此得以透過這些細節，看到了更為廣闊的科學前景。

在工作之餘，你會選擇什麼樣的方式來消磨時間？

是與一票酒肉朋友為了消除生活與工作帶來的壓力，從小酌一杯到夜夜喝得醉生夢死？還是天天唱KTV，狂歌到天明？

這樣的休閒模式，或許在極度的歡樂之後，遺留下來的，反而是更多的疲勞與極度的空虛和落寞感。

有些人則利用休閒之餘，培養自己的興趣，在持續努力不懈之下，開發出自己的第二專長，在正職之外，走出了一片全

新的天空。

面對乏味的工作環境，無須因此而灰心喪志，認為自己永遠沒有出頭的一天。工作只能綁住你一段固定的時間，只要能在工作時間內將自己的本分盡心盡力完成，其餘的時間便全部都掌握在自己手中，要如何運用，當然也全看自己的安排。

如此一來，既不須煩惱沒有辦法維持日常生活，又可以持續自己的興趣，或許長久下來，也能像雷文霍克一般，走出生命的另一番遠景。

他並沒有揚棄原本的生活方式，只是更加專心致力於自己的興趣當中，從中尋覓出自己人生中的另一種價值。

有呼吸空間的愛，彼此才會自在

 沒有呼吸空間的愛，終會令人感到窒息。不
如把對孩子的愛準備好，當孩子有需求的時
候，讓他自己來取。

　　生物為了生存，自然而然會想盡辦法去適應環境。在自然
界的循環之中，能夠成功適應者得以生存，無法適應者則受到
自然淘汰，這便是達爾文提出的「適者生存」的道理，說明了
各種生物演化的驅力與結果。

　　在人類的生活中，更是逃脫不了這個生存法則，而且，人
類面臨的考驗，除了生理上的適應之外，同時也需要顧及心理
的層面。

　　人類擁有相較於其他生物更高的學習能力與思考能力，使
得上一代的智慧可以透過教育等方式不斷往下傳承，新一代的
生命在承襲傳統與智能之後，獲得的生存籌碼自然是漸漸提昇
的。

　　也因此，人類對於下一代的期望也比其他生物來得更高。
一隻獅子在教會幼獅覓食之後，便會要求個體獨立，不再餵食，
也可能會彼此爭地盤，但人類對於子女教養的年限卻越來越長，
日本社會文化學者更提出「單身寄生蟲」的概念，指出許多應

自我獨立的青年，越來越抗拒離家，明明翅膀已經硬了，卻硬是賴在父母的羽翼之下。

這種現象的出現，有人歸咎於父母對子女的過於保護，以致於子女依賴成性。

父母面對子女，究竟該抱持著什麼樣的態度，才能讓孩子獲得足夠的生存資源，又不剝奪他們獨立自主的權益與義務呢？

盧梭曾經指出：「孩童有他們自己觀看、思考與感受的方式，若試圖用我們的方式取代他們的方式，真是再愚蠢不過。」

為人父母者要傳承的是經驗，但是也要提供孩子選擇的空間。孩子有權決定是否要成為和你一樣的人，也有權決定自己想要擁有什麼樣的人生。

有些父母會抱怨自己給孩子最好的、最貴的、最高級的，為什麼孩子卻絲毫不懂得感恩？這些父母是否曾經想過，「好」、「貴」、「高級」等等感受，是經由比較而來的，如果孩子從一開始就接觸了所謂的最好的，那麼他對於好的感受和標準與一般情況就有所不同，會不會他根本就不知道自己所擁有的是「好」？如果他根本不知道自己「身在福中」，又如何「知福」？又如何「感恩」？

回頭再想想盧梭的這番話，父母們的氣憤與不滿，是否該想想問題是不是出在自己身上？

有一位母親，不滿自己的孩子和班上最惡名昭彰的孩子一起玩，便對孩子說：「馬克·維多是個壞孩子，我不希望看到你再和他一起玩。」

孩子反過來問媽媽：「那我是個好孩子嗎，媽媽？」

媽媽回答：「當然啦，你是個乖孩子，也是個好孩子。」

孩子接著說：「如果要和好孩子玩，那麼，維多就應該跟我玩。」

很多父母急於幫子女斷絕不好的影響，卻忽略了孩子自己也會發展出他們的判斷能力，他們能夠從自身的感受中察覺出「好」與「不好」。

許多父母常常忘了，要求和鼓勵必須同時進行，對於孩子的要求不要因為求好心切而變得吹毛求疵。

有個小孩高興地把成績單交給祖父看，祖父看了卻說：「唉，我讀書的時候，歷史一定考一百分，可是，你才九十九分。」

孫子聽了，嘴巴立刻嘟了起來，說：「可是爺爺，你讀書的時候歷史短很多耶！」言下之意自然就是此一時、彼一時，豈可同日而語。

這位爺爺期望孫子能進步到完美，可是他的話卻成了對孩子的一種否定與打擊，如果說只有考滿分才是唯一標準，那麼，考九十九分和考零分又有什麼差別呢？這樣的要求對孩子的價值觀會產生偏見，也會產生極大的壓力，影響未來的表現。

根據專家的研究報告指出，孩子在輕鬆閒漫的環境之中，比較不會焦慮，學習意願也比較強。

給予孩子多一點喘息的空間和閒緩的步調，可以使他們有更多的機會認識自己，發現自己所想要的、所需求的事物，對

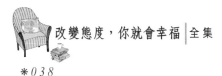

於自我的目標也有更積極的動力，如此，父母非但不需要在後頭頻頻督促，也不用時時擔心。

一個有學習意願的孩子，學習起來將會更有效果，因為他早就做好準備要接納這些令他感興趣的事物，消化起來也更事半功倍。

反之，如果這項學習是被人逼迫而不得不接受的，他或許會暫時屈服，但也可能會在第一時間忘記、排拒練習，打從心底的抗拒，又如何能收得成效呢？

愛孩子，不是只要不停的給予，把他們的生命塞得滿滿的，沒有呼吸空間的愛，終會令人感到窒息。不如把對孩子的愛準備好，當孩子有需求的時候，讓他自己來取。

2.

善用智慧，
才能佔盡優勢

達到目的的途徑絕對不只一條，
善用智慧選擇一條適合自己的道路，
方能事半功倍地走完全程。

你就是自己的幸運天使

> 心態決定了一切，再無其他的選擇時，所激
> 發出來的潛力，將令人刮目相看，這就是
> 「破釜沉舟」的決心。

除非到了走投無路的時候，我們似乎不容易真正看清事實，至少不願意去面對現實，於是得過且過。但很多時候，如果不能下定決心丟出賭注，是沒有辦法改變現況的。

普盧塔克曾說：「只有『改變』才能讓你的未來變得跟現在不一樣。」

想要改變不順遂的環境，就必須先改變自己的心境；想要改變未來，就必須先改變自己的心態。

雖然有時候改變必須付出的代價，比保持原狀要多出好幾倍，但事實證明，所有居於劣勢的人，都是從他肯改掉自己熟悉的思維和應對模式，而讓情勢開始逆轉和變化。以下這則溫馨的故事，就是真實的案例。

某位著名流行音樂節目主持人，曾經說過自己親身經歷的故事。

　　二十年前一個雨雪霏霏、北風烈烈的季節，剛剛中學畢業的他，帶著對音樂的狂熱，隻身來到納什維爾，希望成為一名流行音樂節目主持人。

　　然而，求職過程他卻四處碰壁，一個月下來，口袋裡已差不多空空如也。幸好，一位在超級市場工作的朋友，偷偷把準備銷毀的過期食品拿來接濟他，才能勉強度日。

　　到最後，他身上只剩下一張一美元鈔票，怎麼也捨不得把它花掉，因為上面有著一位他喜愛的歌星的親筆簽名。

　　一天早晨，他在停車場發現一名男子坐在一輛破舊不堪的汽車裡。

　　一連兩天，這輛早就該報廢的汽車都停在原地，車內的男子每次看到他，都溫和地向他揮揮手。

　　他心裡不禁納悶，這麼大的風雪，這名男子待在那兒做什麼？

　　第三天早晨，當他走近那輛汽車時，那名男子把車窗搖下來。他停住腳步，和男子攀談起來。

　　聊了一會，他知道男子是來這裡應聘的，但因為早到了三天，無法立即工作，錢又花完了，所以只好不吃不喝地待在車裡。

　　這名男子忸怩了片刻，然後紅著臉問是否可以借給他一美元買點吃的，日後他必定會奉還。

　　然而，這位流行音樂節目主持人根本自身難保，只好侷促不安地向他解釋了自己的困境，後來實在不忍看到他失望的表情，因而倉皇轉身離去。

　　剎那間，他想起口袋裡的那一美元。猶豫了再猶豫，他終

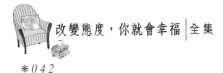

於下了決心，回到那人的車前，把錢遞給了那個男子。

這名男子的兩眼頓時亮了起來。「有人在上面寫了字。」他說。

男子沒有留意到那是一個名歌星的親筆簽名。而那一整天，音樂節目主持人都強迫自己儘量不去想這珍貴的一美元。

彷彿時來運轉似的，就在當天早上，突然有一家電台通知他去錄製節目，薪金五百美元。從這次錄音以後，他一砲打響，成為正式節目主持人，再不用為吃穿用度發愁。

他再也沒見過那輛汽車和那名男子，有時候，他不禁要想，這個落魄男子到底是乞丐，還是上天派來的使者？但有一點是清楚的，這是他人生碰到的一次至關重要的考試，而他通過了。

如果沒有岸礁，怎可能激盪出美麗的浪花？相同的，人生未經挫折的歷練，也感受不出生命的美好。

為了夢想而投注一切，卻遇上了瓶頸而停滯不前，前頭無路，又不甘心就此放棄，已到了山窮水盡的時候，人沒有一定的覺悟，就沒有辦法丟出手中僅剩的籌碼。

在自我束縛的情況下，就永遠沒有辦法放手一搏，絕對不會有所作為，只會不斷無助地等待，直到機會完全流逝。

那名主持人，如果死守著手中的一美元，仍為自己留了後路，當他遇到機會的時候，就不會拼盡全力以求絕處逢生，也許機會就輪不到他手中。

心態決定了一切，當他告訴自己，這是最後的機會，再無其他的選擇時，所激發出來的潛力，將令人刮目相看，這就是

「破釜沉舟」的決心。

　　他珍惜的一美元，為他帶來值得珍惜的良機，當他把握住機會，他已經踏出了自我的罣礙，勇敢地邁向人生的另一段旅途。

　　作家托・卡萊爾曾經寫道：「不敢追求改變的人，很快就會消沉，不敢追求改變的人生，是十分乏味的。」

　　只有改變心境才能改變自己的人生，只有改變現在才能改變未來；天底下絕對沒有不敢追求改變而能獲得成功的人，因為，所有的「成功」都是從勇敢地接受不能改變的事情，以及改變不敢改變的事情開始。

　　只要願意改變想法和態度，你就是自己的幸運天使。

惜福，使人生富足

貧窮與富有，是來自於比較。因為有比較，所以有高低；因為有高低，所以才有欣羨與妒恨，也才造成了世間的紛擾。

許多人都認為自己的生活遠遠比不上別人，吃得比別人差，穿得比別人寒酸，為了和別人一爭長短，不惜耗費各種代價，打腫臉充胖子，也不肯在任何方面輸人一截。

我們總是忙著向前比、向上比，目光變得愈來愈狹小，卻不知相較起自己身後的許多人來說，我們其實享有了足夠的富足。下面這一則小故事，或許能夠讓你有些不同的想法。

馬瑞·杜蘭家的門前來了兩個衣著破爛的孩子。他們就這麼畏縮在後門邊，小小的聲音，怯生生地問著：「太太，請問您有舊報紙嗎？」

馬瑞·杜蘭正在忙著廚房裡的工作，本想直接說沒有，省得麻煩，可是不經意間，她看到了他們的腳。

兩雙細瘦、髒污的腳，穿著鬆垮的涼鞋，上面沾滿了雪水。

一時間，馬瑞·杜蘭的心不禁痛了一下。

「進來吧！我給你們喝杯熱可可。」

兩個孩子沒有答話，只是隨著馬瑞・杜蘭走到了熊熊的爐火邊，他們那濕透的涼鞋在爐邊留下了一道道痕跡。

她自火熱的爐上沖了兩杯可可，另外端來了吐司麵包和果醬，希望幫他們驅驅寒，然後回到桌邊繼續做著自己的事。過了一陣子，她覺得屋裡安靜極了，不禁抬起頭看了一眼。只見女孩把空了的杯子拿在手上，楞楞地看著它，那男孩用很平淡的語氣問：「太太，您很有錢嗎？」

「我很有錢？當然不！我並不富有。」馬瑞・杜蘭低頭看了看自己略嫌寒酸的外衣說著。

女孩小心翼翼地把杯子放回盤子裡，輕輕地說：「您的杯子和盤子是一套的，很完整。」她的聲音聽來帶點嘶啞。

他們就這麼走了，帶著準備禦寒用的舊報紙，沒有說一句謝謝。

他們不需要說，他們已經做了比說謝謝還要多的事情。藍色瓷杯和瓷盤雖然樸素不起眼，但它們的確是完整的一套。

馬瑞・杜蘭將馬鈴薯放入鍋中，再依序拌上肉汁，看著淺咖啡色的馬鈴薯和棕色的肉汁，在鍋裡微微地滾動著。她想到自己有一間小屋可住，丈夫有一分穩定的工作，這些事情其實已使得她的人生過得幸福了。

她把椅子移回爐邊，拿起掃帚開始打掃房間，爐邊那道涼鞋踩出的泥印子，始終留著。她希望它們永遠留在那裡，好時時提醒自己，以免忘了自己其實是多麼富有。

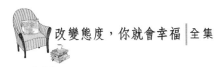
　　貧窮與富有，是來自於比較。因為有比較，所以有高低，因為有高低，所以才有欣羨與妒恨，也才造成了世間的紛擾。

　　人的慾望，是永遠不會饜足的，看著別人光華炫麗的外在，享受著錦衣玉食，不禁益發覺得自己缺乏，也益發感受到心有不甘。

　　就是這一分不甘心，讓人因此被逼著不斷追逐名利與權勢。

　　隨著世界性的不景氣，許多人開始真實地體會到了貧窮的感受，為著未來而茫然不安。但我們可曾想過，其實有很多我們以為理所當然，甚至是微不足道的事情，在某些人的心中，已是極其珍貴的幸福。

　　不必急著體會生活的刻苦，多多珍惜眼前的幸福就是人生最大的富足。

只要本事夠，不怕沒報酬

當你要求老闆「同工同酬」的時候，別忘了先衡量一下自己是不是真的做到同工，不然的話，這個「酬」，老闆是不會付的。

碰到不順遂或覺得不公平的事情，不要急著生氣跳腳，而要試著改變態度、轉換念頭，先了解原因何在。

在工作職場中，各種競爭不斷，其中最令人在意的就是同工不同酬的問題，一旦員工發現自己和別人做相同的工作，薪水卻領得比別人少，很少人不會暗中跳腳，甚至找機會和老闆理論一番的。

可是，在理論之前，最好先冷靜地把事情再分析一次，確認自己的確理直氣壯，不是自以為是。

先看看下面這段故事吧！看完，你的想法或許有所改變。

有兩個年齡相同的年輕人同時受僱於一家店舖，剛開始，兩人拿的是同樣的薪水。可是，試用期過後，其中名叫阿諾德的小夥子青雲直上，而另一個叫布魯諾的小夥子卻始終停在原地踏步。

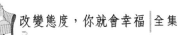

布魯諾對於這樣的結果相當不滿意，打從心底不服老闆的不公平待遇。有一天，他終於忍不住了，衝到老闆那兒狠狠地發了一頓牢騷。

「布魯諾先生，」老闆聽完他的抱怨，開口說話了：「請你現在到市集去一下，看看今天早上賣些什麼。」

布魯諾不明就裡，到市集上逛了一趟，回來向老闆報告說，今早市集上有一個農人拉了一車馬鈴薯在叫賣。

「馬鈴薯？有多少？」老闆問。

布魯諾心裡一慌，連忙戴上帽子又跑回市集詢問，然後回來告訴老闆一共四十袋馬鈴薯。

「價格是多少？」

布魯諾又第三次跑到市集問價格。

「好了，」老闆對他說：「現在請你坐到這把椅子上，一句話也不要說，看看別人怎麼做。」

老闆叫來阿諾德，下了同樣的命令，要他到市場看看今天賣些什麼。

阿諾德很快地從市集回來了，向老闆回報說，到現在為止只有一個農人在賣馬鈴薯，一共有四十袋，價格十分合理，馬鈴薯品質也不錯，他帶回來一個讓老闆看看。

阿諾德又說，他和這名農人談過之後，知道這名農人一個鐘頭以後還會再載幾箱紅柿來市集賣，他認為農人開的價格非常公道，加上昨天舖子裡的紅柿賣得差不多了，老闆肯定需要進一些貨，所以他不僅帶回了一個紅柿做樣品，還把那名農人也帶來了，正在外面等著交易呢。

老闆聽完了阿諾德報告後，轉身向布魯諾說：「現在，你

知道為什麼阿諾德的薪水比你高了吧？」

　　員工當然有權利要求老闆給予合理的待遇，但是站在老闆的立場，雖然知道「要馬兒會拉車，又要馬兒不吃草」是不可能的事，可是在吃同樣草料的馬匹中，跑得快、會拉車的當然是最好的，就算多吃幾口草也無妨，如果能夠一個抵三個用，那可就大大划算了。

　　沒有一個老闆不喜歡全方位的人才，好人才不只要能預設問題，主動尋求答案，甚至要能企劃未來。

　　像故事中的阿諾德，不只懂得舉一反三，更能善用自己的觀察力，將老闆可能的需求全都設想了一遍，還能為老闆提供許多建議，所以，他只上市集一趟，就把所有的資料收齊，既省時又不費力，這些小小的動作看似微不足道，卻有著天差地別的成效。

　　只要本事夠，當然有本錢要求待遇，萬一老闆不識貨，大可「此處不留爺，自有留爺處」，到別處吃飯去，進可攻，退可守。

　　當你要求老闆「同工同酬」的時候，別忘了先衡量一下自己是不是真的做到同工，不然的話，這個「酬」老闆是不會付的。

　　只是，「揣測上意」這樣的事情還是要懂得適可而止，否則有時聰明反被聰明誤，沒能切中老闆的心，反而背上「畫蛇添足，多此一舉」的惡名，可就吃不了兜著走了。

不只要教知識，也要教正確的態度

價值觀一旦建立，就很難改變，在教育的過程中，不要忘了不只要教知識常識，也要教正確的態度。

現代的孩子，受到父母親長輩過分的重視與疼愛，或許學業成績等種種表現優異，但性格難免過於嬌氣，有時更失去了生活的能力。

有人說，現在的孩子不同以往，刁鑽難教，可是不同時代的孩子本來就會有他們不同的特質，因為時空環境截然不同啊！

但是，教育的目的與真諦應該是江河同源的，想改變孩子，或許我們可以先回想一下以前的人是怎麼教孩子的。

一九二○年，有個十一歲的美國男孩，在自家後院踢足球時，不小心球踢偏了，結果打碎了鄰居的玻璃。氣得跳腳的鄰居，除了破口大罵之外，更向他索賠十二‧五美元的窗戶修理費用。

在當時，十二‧五美元可是一筆不小的數目，足足可以買一百二十五隻會生蛋的母雞呢！這下子，闖了大禍的男孩，不

得不老老實實地向父親認錯，請求父親幫他解決。

男孩爲難地說：「我又不是故意的，我哪有那麼多錢可以賠給人家？」

他的父親拿出十二·五美元，嚴肅地對他說：「錢我可以借給你，但你必須承諾一年後要還我。」

從此，男孩開始了艱苦的打工生活，幫忙修草坪、送報紙，每天拼了命爲自己償債。經過半年的辛苦努力，他終於賺到了十二·五美元，還給了父親。

這個男孩日後成了美國總統，他就是羅納德·雷根，當他回憶起這件事時，說道：「透過自己的勞動來承擔過失，使我懂得什麼叫責任。」

要改變孩子，先改變自己的教育方式。孩子犯了錯，雖然不應嚴懲重罰，造成他們心理的陰影，但至少也要讓他們了解事情的前因後果，讓他們明白自己種了什麼「因」，就要承受什麼「果」。

很明顯的，人生旅程錯誤隨時會發生，不管再怎麼小心謹慎，誰都無法避免犯錯。一旦知道了自己犯錯之後會有什麼不良後果，事先想想自己是否承擔得起，或許在行事之前就會有所警惕，此時，我們就了解什麼叫做責任。

能夠爲自己的所作所爲負起責任，這是很值得稱許的做事態度。雷根的父親提供了他一次爲自己負責的機會，如果他的父親當時只是斥責一番，就爲他花錢了事，那麼，這件事對雷根來說，不過被罵一頓，根本不痛不癢，很快地，他就會忘記

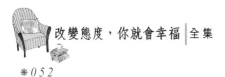
自己曾經做過一件錯事，最後，甚至會認為那不是什麼錯事，根本沒什麼大不了。

但是，雷根的父親並不這麼做，只願意借給雷根賠償的錢，由雷根自己來解決自己的問題，由他來負起自己的責任。此舉也同時告訴他，做人不用負自己不該負的責任，即使對方是自己的兒子也一樣。

價值觀一旦建立，就很難改變，對孩子的未來來說，現在就是基礎，當然很重要；身為家長有養育子女的責任，不只要養，更要教育，只是在教育的過程中，不要忘了不只要教知識常識，也要教正確的態度。

善用智慧，才能佔盡優勢

達到目的的途徑絕對不只一條，善用智慧選擇一條適合自己的道路，方能事半功倍地走完全程。

做事的方法有很多，一味地埋頭苦幹，絕對不是成功的唯一因素，在這個競爭日益激烈的社會上，光是認真還不夠，不懂得善用腦子，可能就得多走一段冤枉路了。

金錢和機會都不會從天上掉下來，都是得靠自己用智慧去爭取。

有一個地區，有兩個報童在賣同一分報紙，兩個人是競爭對手。

第一個報童很勤奮地工作，每天沿街叫賣，嗓門也很響亮，可是每天結算下來，賣出的報紙並不是很多，而且還有日漸減少的**趨勢**。

反觀第二個報童卻不同，除了沿街叫賣外，還每天固定去一些場所，事先分發報紙給大家，表示過一會兒再來收錢。隨著地方越跑越熟，賣出去的報紙也就越來越多，當然，難免也

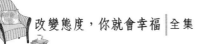
會因為有些人看了報紙不肯付錢，而蒙受一些損耗，但相對來說比率很小。

漸漸地，第二個報童賣出的報紙愈來愈多，而第一個報童則銷售量日減，最後不得不另謀生路。

有位經營大師仔細研究第二個報童的做法，指出其中大有深意：

第一，在一個固定地區賣同一分報紙，客戶其實是有限的；也就是說，客戶買了乙賣的報紙，就不會再向甲買，所以乙先把報紙發出去，這些拿到報紙的人既然已經看了報紙，就肯定不會再向別人買，等於讓乙先占領了市場。乙發的報紙越多，對手的市場也就相對縮小，這無疑對競爭對手的利潤和信心都構成打擊。

第二，報紙屬於隨機性購買的產品，加上又有時效性，一般而言不會因品質問題而退貨，而且價錢不高，大家也不至於會看了不給錢，今天沒零錢，明天也會一塊兒給，總不會刻意欺負小孩子。

第三，即使有些人看了報，退報不給錢，也沒什麼關係，一則退回來的報紙只要狀況良好，還是可以轉賣給他人，二則這人已經看了報，肯定不會再向別人買報紙，還是自己的潛在客戶。

連賣報紙都可以有一番學問，更何況其他事物呢？只要對經手的事物投入一分苦心，終究會有所回報。

第二位報童懂得鞏固自己的勢力範圍，逐漸向對手的領地

伸出觸角，再以預覽後售的策略，在打擊敵人的同時壯大自己的聲勢。

　　他除了仔細觀察產品的特色及顧客購買的特質，更不怕風險，以小利養大利，終於成功地佔領了絕大多數的市場；想買報紙的人，多半會記得這麼一位賣報紙的聰明小孩，想要買報紙時，也多半會想起他，造成既定印象，這就達到了廣告的目的。

　　第一位報童的做法並沒有什麼錯誤，只是太過於保守，不懂得變通，當局勢被人改變的時候，就容易措手不及而被逼入絕境。

　　保守的做法當然能保本，但相對的也就難有大獲利；小小的犧牲，有時候反而有不少意外的收穫，就像第二位報童損失了幾分報紙的收入，卻大幅地提高了市場的占有率，對他未來的銷售有了極大的助益。

　　達到目的的途徑絕對不只一條，善用智慧選擇一條適合自己的道路，方能事半功倍地走完全程。

堅守自己的人生原則

堅守自己的原則，猶如撐起一把堅固的傘，
在面對人生路途上的風風雨雨時，至少還有
一個抵擋的力量，可以幫助繼續你前進。

當你的信念遭受到強烈質疑的時候，你有沒有勇氣堅持自己的想法，是否能夠無論外界如何批評都不爲所動？

這個問題相信很多人都不敢肯定回答，畢竟「三人成虎」的例子比比皆是，只要別人聲勢大了些，自己便不自覺地勢弱了下來，最後甚至不禁會懷疑自己是否真的錯得一塌糊塗。

然而，儘管事情的對錯，因爲立場不同，會有不同的答案，但我們仍應謹守「明辨是非，相信自己」的原則，如此才能無愧於心，並且不會懊惱後悔。古希臘大哲學家蘇格拉底做到了這一點，更加突顯他的偉大與睿智。

當時，蘇格拉底被當權者——雅典法庭判處了死刑，罪名是傳播異說、敗壞風俗、反對民主、違反城邦宗教，依法令要服毒自盡。

他曾經有機會逃走，但是他放棄了，因爲他堅持身爲公民

必須守法。

臨刑之前，一個女人突然跑到他跟前，傷心地哭泣道：「我
真傷心，你什麼罪也沒犯，可他們就要處死你了。」

「傻大姐，」蘇格拉底笑著說：「難道妳希望我犯罪，淪
為一個真正的罪犯死去才值得嗎？」

蘇格拉底面對命運之中無法逃避的災厄時，仍舊神色自若，
仍然慷慨激昂地訴說自己的理念，仍然堅守著自己的人生原則，
猶如烈士般，為了自己的信念而慷慨赴義，不貪生苟且，只求
無愧於心。

正因為如此，死亡的陰影沒有辦法籠罩他的心靈，一身哲
學家的風骨令後人感佩不已。這樣一位以生命換取真理的哲學
家，以自己做為教材，為世人上了一堂有意義的課。

當然，或許有些人會對蘇格拉底這樣的行徑嗤之以鼻，畢
竟「留得青山在，不怕沒柴燒」，人死了不就什麼都沒有了，
更別說什麼信念不信念的，根本沒有實踐的機會。

但是，蘇格拉底值得後人尊敬的理由，在於他願意對自己
的人生負責，始終對自己充滿信心，願意為自己的理念而奮鬥，
不斷地依循著自己堅持的道路前進，不論前方有任何人、事、
物阻礙，即使是死亡，也不能阻止他的腳步。這是他無愧於自
己的選擇，也是他對生命負責的執著。

每個人都有決定自己人生的自由，我們應該堅持的是，為
自己而活，為自己所做的決定負責，並且無怨無悔。

即便最後發現自己選擇的道路錯了，受到了懲處，也要甘

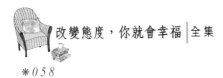

願受罰，因為，不要忘了，當初選擇不回頭的人，終究是自己。

　　是非對錯，會隨著立場的改變而有所不同，有時候，在當下看似錯誤的決定，經過時光的流轉，也許就是一項先進的想法，所以，何必在別人的七嘴八舌裡過得進退兩難呢？

　　畢竟妄想討好所有的人，還不如相信自己就好。堅守自己的原則，猶如撐起一把堅固的傘，在面對人生路途上的風風雨雨時，至少還有一個抵擋的力量，可以幫助你繼續前進。

你可以選擇對自己負責

尊重自己的選擇，也為自己的決定負責。不
管自己的現在是什麼，但對於自己的未來，
你可以規劃出美好的遠景，再靠自己的實
力，一步一步去實現。

每一個人都應該對自己的人生負責任，因爲每個人的人生，
都是來自於自己的選擇。乍看之下，人生當中會出現許許多多
不得已的抉擇，但是做出這些最後決定的人，難道不是我們自
己嗎？

環境雖然會影響我們做決定，但是那只是讓我們的選擇範
圍縮小，最後下定論的人還是我們自己。是我們自己決定聽從
父母的意見選擇升學而不就業，是我們自己決定不理會師長的
建議，是我們自己決定要成爲一個成功的社會人……，既然是
自己的抉擇，那就必須對自己負責。

下面這個小的故事，或許可以給我們一點點啓示。

曾經擔任北京外交學院副院長的任小萍女士曾說，在她的
職業生涯中，每一步都是上級安排好的，自己並沒有什麼自主
權，但在每一個崗位上，她都有自己的選擇，那就是要做得比

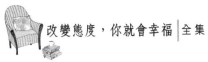

別人更好。

一九六八年，任小萍成爲北京外國語文學院中的一名工農兵學員。當時，她在班上年紀最大，卻成績最差，第一堂課就因爲回答不出問題，而被老師罰站了一堂課。但等到畢業的時候，她已成爲全年級課業成績最好的學生之一。

大學畢業後，她被分發到英國大使館擔任接線員。小小的接線員，是很多人覺得沒出息的工作，任小萍卻把這個普通工作做得頗爲精采。

她把大使館裡所有人的名字、電話、工作範圍，甚至連他們的家屬名字都背得滾瓜爛熟。如果有電話進來，卻不知道該找誰處理，她就會多加詢問，從談話中的蛛絲馬跡，盡量幫忙迅速且準確地找到正確的人員。

慢慢地，使館人員如果有事需要外出，不會告訴他們的助理，而是交代她會有誰來電話，要轉告些什麼，甚至私事也委託她處理，於是任小萍便成爲了大使館的留言中樞兼大秘書。

有一天，駐英大使竟然親自跑到接線室，笑瞇瞇地稱讚她，這可是破天荒的事。沒多久，她就因爲工作出色而被破格調到英國某大報擔任翻譯。

該報的首席記者是個名氣很大的老太太，得過戰地勳章，還被授封爲勳爵；本事大，脾氣也大，一連把好幾個翻譯給趕跑了，她剛開始也不要任小萍，看不上她的資歷，後來才勉強同意一試。一年後，老太太卻經常對別人說：「我的翻譯比你的好上十倍。」

不久，工作出色的任小萍又被破例調到美國駐華聯絡處，她做得又同樣出色，還獲得了外交部嘉獎。

許多事其實不須怨天尤人，因為大部分時候自己的悲慘下
場，都是自己造成的，真的怨不得別人。你唯一要做的，就是
改變自己。

　　就像任小萍，到大使館擔任接線生，或許並非出自於她的
意願，但是她卻決定將自己的本分做到最好，所以在不知不覺
中，她掌控了自己的命運，引導自己走向成功的道路。

　　天資或許是人生下來就注定好的，但是，唯有後天上的努
力才能決定自己的命運，就像愛迪生所說：「天才是由百分之
二的靈感，加上百分之九十八的汗水造成的。」

　　名畫家齊白石也說：「一分天才，九分苦練。」

　　要成就未來，就必須要先踏實前進。

　　任小萍不是最聰明的人，但她卻是最認真、最努力的人。
在外人看來沒出息的工作裡，她發掘工作中的價值所在，營造
自己的工作價值。由於她的努力不懈，讓人看出了她的與眾不
同，進而認同她的實力。

　　如果一個人只想要獲得成功，卻不願意投入自己的氣力，
那麼，別人是沒有辦法給他任何機會的，或者該說，他根本看
不見任何機會。

　　展現自己的良機就在眼前，然而，如果你不願盡力去爭取，
這個機會就不再屬於你。尊重自己的選擇，也為自己的決定負
責。不管自己的現在是什麼，但對於自己的未來，你絕對可以
規劃出美好的遠景，也可以靠自己的實力，一步一步去實現。

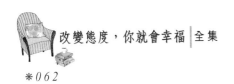
管好自己的雞毛蒜皮事

星星之火就足以燎原，凡事最好還是在雞毛蒜皮的時候就趕快處理，才能防患於未然，免得到了最後災難像雪球一樣愈滾愈大，便難以收拾了。

法國作家莫泊桑在《橄欖田》裡寫道：「人生森林裡的迷人歧路，原是由人類的本能和嗜好，以及慾望所造成的。」

人生最重要的事是讓自己更加美好，但是，我們總是輕忽了一些看似無關緊要的小事，導致心靈被這些小事禁錮、玷汙了。

和作姦犯科、殺人越貨比起來，搭公車不讓坐，排隊買票插個小隊，聽起來似乎都不是什麼大不了的要緊事。

儘管常言道：「勿以善小而不為，勿以惡小而為之」，可是，一般人不免卻常常嫌棄舉手可得的小善行，而且輕易犯下一些看起來無傷大雅的小錯小惡，總是認為「那又沒有什麼大不了的」。

但別忘了，凡事總是積少成多，壞事也是如此。

大哲學家柏拉圖有一次就一件小事，毫不留情地訓斥了一

名小男孩，只因爲這小孩老是在玩一個很愚蠢的惡作劇遊戲。

小男孩被痛罵一頓，心裡當然很不服氣，說道：「您爲什麼爲了這一點點雞毛蒜皮的小事而譴責我？」

「如果你經常這樣做的話，那就不是雞毛蒜皮的小事了。」柏拉圖回答說：「因爲，你將會養成一個終生受害的壞習慣。」

人是很容易習慣的動物，經常接觸美好的事物，久而久之就漸漸感受不到其中的美好，而身處於不良環境之中，日子久了，也不再覺得有什麼特別糟的感受，因爲習慣了嘛！

柏拉圖就是這個意思。即使小男孩現在所做的只是個無傷大雅的惡作劇，被捉弄的人儘管當時覺得哭笑不得，還是會因爲對方是個半大不小的男孩，而不跟他計較，但長久下來，小小的惡作劇可能會演變成更惡劣的行徑，而在男孩心中卻只不過是另一項刺激的冒險罷了。這樣的結果，就絕對不能算是雞毛蒜皮的小事。

仔細想想，「習慣」還真是可怕！

當你將丟張紙片視爲自然，不想加以改變，日後丟包巨大垃圾，在你來說可能也不算什麼了，但是，當所有的人都任意丟出一包巨大垃圾的時候，我們還能處之泰然嗎？

就好比那些吸毒成癮的人，並不是一開始就會被毒品控制，而是在一點一點「沒什麼大不了」的嘗試之後，覺得再多一點點也沒什麼關係，於是多一點點、再多一點點，最後變成了不可收拾局面，終於成了身不由己的毒品禁臠，人生就此報廢了。

做事要從小處著眼，將每一個小環節都視爲重要關鍵，所

謂防微杜漸，就是要在事物出現不良徵兆之初，及時加以限制，不讓其伺機擴大，以免造成難以掌控的後果。

　　別忘了，星星之火不撲滅就足以演變成烽火燎原，凡事最好還是在雞毛蒜皮的時候就趕快處理，才能防患於未然，否則到了最後，災難像雪球一樣愈滾愈大，便難以收拾了。

設法提升自己的競爭力

> 發揮自己的長處，修正自己的短處，不要因
> 為一時的情緒而在周遭樹立敵人，這才是真
> 正的工作哲學。

在職場上難免會遇上和自己磁場不合的上司或下屬，兩者之間的爭執過烈的話，連工作也會受到影響。

許多人離職的原因，都是因為人事上的不愉快。只是，這就像在玩大眼瞪小眼的遊戲，誰先把自己的目光移開，誰就先認輸了。

先改變心境，才能改變事情，只要你能在處理事情之前，稍微改變一下你的心情，也許很快就會發現，原本棘手的事情頓時變得簡單容易，原本忿忿不平的事情其實也沒那麼嚴重。

覺得自己不受重視，不妨先試著改變自己面對工作的態度。

有一個人一直對於自己的工作環境相當不滿意，有天忿忿不平地向朋友抱怨：「我的上司一點也不把我放在眼裡，老是對我呼來喚去，改天我就要對他拍桌子，老子不幹了。」

他的朋友反問：「你對於公司的作業都完全弄清楚了嗎？

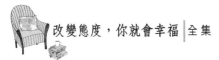
他們在商際貿易上的操作訣竅，你完全弄通嗎？」

「我才去沒多久，哪搞得清楚？你知道嗎？他的態度實在太惡劣，真讓人受不了。」那個人始終平靜不下來。

「唉！君子報仇十年不晚，我勸你先好好地把他們的貿易技巧、商業事務和公司組織運作……等等全部弄清楚，最好連怎麼修理影印機的小故障都學會，然後再辭職，反正對你也沒什麼壞處。」

那個人終於聽從了朋友的建議，決定先耐住性子，默默記、偷偷學，甚至下班之後，也還留在辦公室研究自己不了解的問題。

一年之後，他的朋友再次偶然遇到他，兩人又談及此事：「你應該學得差不多了吧，可以準備拍桌子不幹了啊！」

那人囁嚅了一陣：「可是，我發現近半年來，老闆對我的態度有一百八十度的轉變，最近更常常把重要的事情交給我來處理，又是升職，又是加薪的，好像我已經成為公司的紅人了！」

「我早料到了！」他的朋友笑著說：「當初你的老闆不重視你，是因為你的能力不足，只知抱怨又不肯努力學習，後來你痛下苦功，擔當與日俱增，當然會令他對你刮目相看。」

表面的好壞，有時不見得就是真正的好或壞，如果從來沒有深入去瞭解、學習，或許根本就不會發現其中的奧妙及有趣之處，輕易地驟下斷言，只會使你失去了一次很重要的成長機會。

　　只知抱怨別人的態度，卻絲毫不反省自己的能力與做事的態度，這是人們常犯的毛病，必須設法改變。

　　一拍兩散的結果，其實是雙方的損失，也是時間和精力的浪費。

　　就像故事中那位朋友所建議的，先試著利用公司作為自己免費學習的地方，等所有的事務、技巧都學會了、弄懂了，再一走了之，不是既出了氣，又有許多收穫嗎？

　　不曾付出，有什麼權利去要求收穫？

　　如果下過功夫仍然毫無所得，那至少能確定自己是真的不適合目前的工作，但如果只是一直在邊緣遊走，那麼永遠不會瞭解其中有什麼值得學習探討的事物，上司也更永遠不會發現你的優點。

　　果真如此的話，上司不過是失去了一名不稱職的助手，而你卻是失去了一個學習的機會，誰是輸家，其實顯而易見。

　　不如控制自己情緒，深入瞭解公司的運作狀況，吸收所有的優點，發掘唯有在這個工作環結才能知道的事物，將之熟練到無人能及的地步，那麼，老闆無論如何都會想留住你這個人才的。

　　發揮自己的長處，修正自己的短處，才能提升自己的競爭力，千萬不要因為一時情緒而在周遭樹立敵人，這才是真正的工作哲學。

3.

不能適應，
就設法改變心境

當環境或工作流程不符合自己所願的時候，

與其不停地埋怨，

還不如費些心思在自己能力範圍內去謀求改變。

只想到自己，會讓視界狹窄

愛自己，更要尊重別人，要自信，更要學習
傾聽、懂得觀察、主動關心，才不會成為井
底之蛙，只活在自己的世界裡。

現代人重視自我的程度，已凌駕過往。儘管人性自私的本
質曾經被社會環境壓抑，人類最終還是發現，在一心為人利他
之前，要先懂得自利，在愛人之前要先學會愛自己。

「人不為己，天誅地滅。」這句話清楚道盡人性本質，人
就是這麼自私，凡事以自己的角度為出發點。

然而，也因為人類的自私，才使得人類得以一馬當先，演
化得比其他動物快速，甚至拔得頭籌成為「萬物之靈」。

幸好人類也懂得分享，能夠和他人合作，彼此互通有無，
方使得人類的社會不至於在純然自私的情境下瓦解。

凡事先為自己著想，並不是一件可恥的事，但是，我們得
經常撥出一些時間給外界，維持彼此的連繫。當我們總是習於
觀照自己的時候，眼界會變得狹窄，漸漸看不到其他的人事物。

有一位女性社會學家，為了進行研究工作，於是前往非洲

叢林考察當地民情。當她抵達村落的時候，恰好看見一群小孩
在空地上遊戲、嬉鬧，便打算立刻進行觀察記錄。

　　她拿起相機準備拍照的時候，那群孩子突然大聲嚷嚷起來，
以當地的語言對著她又是說話，又是比手畫腳。

　　她以為自己的行為觸犯了這個村落的規矩，心裡十分著急，
連忙紅著臉對村落的族長解釋，表示她忘了有些土著民族是不
願意被人拍攝的，因為他們怕靈魂會被攝走。

　　不等族長反應，她開始滔滔不絕地說明照相機的功能與製
作原理。族長幾次想插話都插不上話，最後乾脆閉上嘴，沉著
臉等她說完。

　　社會學家看土著族長的臉色越來越難看，說話聲音不禁越
來越小，心想，完蛋了，好不容易得到的考察機會就要飛了。

　　但是，族長嚴肅的臉卻突然笑了開來，對她說：「其實，
剛才那些孩子是在告訴妳，妳相機鏡頭上的蓋子忘了打開。」

　　事實證明，把別人當成笨蛋的人，自己就會變成一個鬧笑
話的笨蛋。

　　這位社會學者犯的錯誤，不在於她不懂，而在於她過於自
以為是，只以自己的角度思考，執著於根深柢固的刻板印象中，
別人的反應她只以自己的想法來解讀，忘了停下腳步傾聽，也
忘了打開心胸去接納別人的訊息。

　　當我們行進的速度變快時，可以感覺得到呼嘯而過的周遭
景色、聲音，全部都變得朦朧，我們只會看見眼前直視的事物。
專注，能夠使我們聚焦，卻也讓我們忽略周遭。

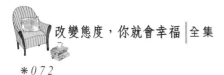

　　某位報社總編輯個性嚴肅，做起事來講究精確，不只自我要求嚴格，同時也要求一起工作的同事得事事精準。

　　有一次，一個記者採訪回來，將採訪稿寫好交給他審閱。

　　他接過稿子認真地讀了起來，可是沒多久就抬起頭來，怒氣騰騰地罵道：「簡直胡說八道！」

　　記者一臉納悶，上前一看，原來讓總編動氣的內容是一句話，上頭寫著：「一共三千九百九十九隻眼睛注視著台上的演講者。」

　　記者立刻解釋說：「這可不是胡說八道，先生，您要知道，與會者有一位是獨眼龍，他當然只有一隻眼睛。」

　　人有兩隻眼，這是常理，但是，人只有一隻眼的可能性也不是沒有。這位總編要求同仁事事精確，不可有絲毫含糊，但是當事情真的精準到不符常理時，他卻意外動怒。

　　他出的糗可以說是自做自受，在旁人看來，他還應該向那位記者道歉，因為，他早已先入為主認為記者做事沒有他精確，先入為主認為記者沒有認真執行他交予的任務。

　　這對記者來說，是一種絕對的不尊重。

　　愛自己，更要尊重別人，要自信，更要學習傾聽、懂得觀察、主動關心，才不會成為井底之蛙，只活在自己的世界裡。

讓幽默發揮最佳效果

> 幽默提供我們另一種看世界的方法，幽默強
> 調人性的積極與樂觀，展現了個人創造力的
> 成果。

　　幽默的語言，是一項不可或缺的武力，透過文字言詞的暗
喻明諷，以各種方式陳述事實，詮釋現狀，只要應用得當，都
可收得奇效。

　　儘管我們不願意樹敵，但是敵人圍繞在周遭，遇上明槍暗
箭，總得練會十八般武藝才能保全自己。

　　有時候，可以利用幽默的技巧，從情感切入，運用語言本
身的曖昧性，將發球權握在自己手中，由自己決定球的去向。

　　上了年紀的哲學家感嘆：「真是不可思議！在我二十歲的
時候，我想的只是愛，但是現在我愛的只是想了。」

　　想愛和愛想，只是兩個字眼互相調換，卻有截然不同的意
思，也造就了字詞聯想上的趣味。

　　某個不愛交際也不擅交際的發明家，有一次正想從宴會途
中開溜，卻在門口被主人逮個正著。

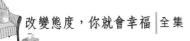
主人開心地說：「你能夠光臨真是我們的榮幸，看你目瞪口呆的樣子，是不是又有什麼新發明了呢？」

發明家只好摸摸鼻子，小聲地說：「是啊，我正想發明一條出路。」

幽默替我們解了圍，也提供我們另一種看世界的方法，幽默強調人性的積極與樂觀，展現了個人創造力的成果。幽默除了能為人帶來快樂，更可以使人在心理上取得平衡。

運用人類的感官經驗予以聯想，是一種上乘的幽默模式。幽默之所以好笑，就在於幽默言語裡未曾提及的部分。有這麼一個笑話，不妨聽聽。

有個父親語重心長地對兒子說：「孩子，記住，想要成功，一定要做到兩件事，一個是誠實，一個是智慧。」

兒子說：「好的，爸爸，我記住了。可是，什麼是誠實呢？」

父親回答：「很簡單，誠實就是要信守諾言。」

兒子點點頭，表示明白，又問：「那麼，什麼是智慧呢？」

父親的回答更妙了，他說：「智慧嘛，智慧就是不要許下諾言。」

一語雙關，一體兩面，從經驗出發的笑話，對於有相同經驗的人來說，特別能夠感同身受。幽默感其實也是需要知音的，對於說話者的言下之意，不須太多解釋就能明瞭，當兩人相視一笑的時候，兩顆心的距離也分外靠近。可是，倘若一個笑話需要經過層層解釋，笑果就冷了。

不妨以遊戲的態度面對工作

誰說工作不得兒戲？遊戲中的種種闖關與解
謎的挑戰，其實與工作的本質相去不遠。

工作對不同的人來說，有著不同的意義，有些人覺得工作
只是爲了餬口，有些人則視爲成就感的原動力。

然而，每個人面對工作的態度，對於自己情緒有極大的影
響，也自然而然地影響到工作的成效。

不必懷疑自己的實力，不要抱怨這個世界不公平，更不能
對自己失去信心。如果你厭倦了目前的處境，那麼，你要做的
第一件事就是試著改變自己面對工作的心境。

一九六五年，美國作家卡菲瑞曾在西雅圖的景嶺學校圖書
館擔任管理員。圖書館的工作既繁雜又瑣碎，總是讓人忙不過
來，卡菲瑞常想，如果能多個人手來幫忙，也是件不錯的事。

一天，一位同事推薦了一位四年級的學生自願前來圖書館
幫忙。

不久之後，來了一個看起來瘦瘦小小的男孩子，卡菲瑞先

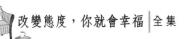
簡單地向他說明了基本的圖書分類法，然後要求他把書架上放錯位置的書找出來，再放回該放的地方。小男孩眼中透出奕奕的光彩問：「就好像當偵探一樣嗎？」

卡菲瑞聽了不禁莞爾，故作正經地回答：「沒錯。」

只見小男孩立刻在書架迷宮中來回穿梭著，很認真地確認書架上的每一本書籍，不過才到了午休時間，他就已經找出了三本放錯地方的圖書，並歸回正確的書架上。

第二天他更是一大早就來了，如同前一天一樣，興味盎然地沉浸在書海中，好似一位偵探般，仔細抽絲剝繭，企圖從中找出一絲絲的線索。

一天的工作結束，小男孩正式請求卡菲瑞，讓他成為一名圖書管理員，而他也正式地得到這一份工作。

經過了兩個星期，卡菲瑞受邀到小男孩家裡晚餐，卻意外聽到小男孩的母親表示他們即將要搬到附近住宅區的消息，至於小男孩在圖書館的工作也得被迫中止。當小男孩知道自己不得不轉校後，不禁擔心地說：「我走了的話，那麼誰來整理那些排錯隊的書呢？」

小男孩煩惱的表情一直記掛在卡菲瑞的心裡。

但沒過多久，小男孩的身影竟又在圖書館門口出現了。他欣喜地告訴卡菲瑞，因為新學校的圖書館不肯讓學生在裡面工作，所以最後他的母親終於答應讓他轉回原來的學校，每天由爸爸開車送他上學。

「如果爸爸不肯載我來，那我就自己走路來。」小男孩堅定的眼神，閃耀著無比光彩。

卡菲瑞當時即心裡有數，這個如此有決心毅力的小傢伙，

將來作為必不可小覷。果然，這名小男孩不只大有作為，更成
為資訊時代的天才，創建了左右世界趨勢的微軟公司。他就是
當今名列美國首富的——比爾·蓋茲。

　　用不同的心境面對環境，人生就會產生各種可能；你會擁
有什麼未來，完全在於你用什麼心態面對現在。

　　你會以什麼樣的態度來面對你的工作？是不得不做，還是
姑且為之？

　　比爾·蓋茲假想自己是一名偵探，原本可能枯燥乏味的工
作，立刻變成一種好玩的遊戲，讓他玩得不亦樂乎。這一玩還
玩出了興趣，當年圖書管理的經驗成為他日後發展的推手之一。

　　誰說工作不得兒戲？遊戲中的種種闖關與解謎的挑戰，其
實與工作的本質相去不遠，以遊戲的態度投入工作，不再把工
作當成惱人的事，說不定能因為感受到其中樂趣，反而更加形
成一股迎向成功的推力。

不能適應，就設法改變心境

當環境或工作流程不符合自己所願的時候，與其不停地埋怨，還不如費些心思在自己能力範圍內去謀求改變。

大多數的失敗，其實都來自於錯誤的心態與怠惰的心理。只要我們肯改變一下心態，尋找並掌握住眼前的機會，就能讓自己所面臨的絕境露出柳暗花明的曙光，又何必一味抱怨環境呢？

想要在這個競爭激烈的社會有所成就，必須明瞭每一個工作環境不同、工作的內容與性質不同，當然，對於工作品質的要求也有所差異。

更重要的是，要明白不一定每一個人都能得到自己夢想中的工作，與其抱怨環境，不如改變自己的心境。

一個日本妙齡少女離開家鄉，來到位於東京的帝國酒店擔任服務生。

這是她步入社會的第一份工作，也就是說，她將由此邁出人生的第一步，因此她暗自下定決心要認真工作，好好表現一番。

可是，她萬萬沒有想到在分配工作時，主管竟然安排她洗

廁所！

　　清洗廁所的工作當然沒人愛做，不但又髒又臭，清除穢物的感覺更是令人難以忍受。少女自幼受到家人的呵護，沒做過粗重、卑微的工作，所以每天上班對她來說，無疑就是一場折磨的開始。

　　每當她白皙細嫩的手，得拿著刷子、抹布刷洗一個個馬桶，她的胃就立刻「造反」，頻頻作嘔，可偏偏就吐不出來，實在難受極了。

　　主管對她的工作要求是：要把馬桶擦得光潔如新。她當然明白「光潔如新」是什麼意思，但說得容易，做起來可就難如登天，她連進廁所清潔都覺得勉強了，更不用說要把馬桶擦得光潔。

　　才沒過多久，她就忍不住想打退堂鼓了，她覺得自己一點也不適合這個工作，甚至，說不定一點也不適合在東京生活，每天的日子過得既痛苦又灰暗，了無生氣。

　　然而，在她幾乎要放棄的時候，她又不禁回頭想起，當初要東京來時的雄心壯志，難道就要因為這麼一點打擊就抹滅殆盡嗎？

　　愈想愈不甘心，她決定再拼一次，就不信自己做不到，於是，她主動向單位裡的一位前輩請教。

　　前輩聽了她的抱怨與困擾，沒有多說什麼，只是帶著她來到她工作的那間廁所，提來水桶和抹布，從上到下、裡裡外外，一遍又一遍仔細刷洗，直到看不見一絲髒污。

　　最後，那位前輩竟然拿起水杯，從馬桶中舀了一杯水，毫不猶豫地仰頭喝了下去。那一剎那間，少女震撼極了，原來，

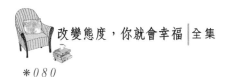

這才是光潔如新。

她看得目瞪口呆，恍然大悟：「就算一生注定要洗廁所，也要設法做一名最出色的洗廁所名人！」

這番啓示讓這名少女養成了敬業、專業的精神，幾十年後，她已高居日本政府郵政大臣之位，她的名字叫野田聖子。

日本人相當重視名人，設計了許多電視節目，塑造了各行各業的名人工作者。他們對自己工作的專注力和榮譽感，在在都讓坐在電視機前面的觀衆感到讚嘆與佩服。

當然，這並不代表那些技藝只有日本人最厲害，而是他們尊重專業的態度，使得每一位工作者樂意投入自己的工作領域，追求頂尖與卓越，並深深以自己的工作爲榮。

要做就做到最好，否則不如不做，只要心之所向，什麼事都辦得到。

遇到棘手的事多看光明面，能夠提振自己的信心，增添了成功的希望；相反的，遇事只看黑暗面，非但一開始就產生了排斥心理，動力全失，失敗的機率也會因而大增。

若是能夠以自己的方式熱愛工作，那麼就能夠消除許多因爲不順遂所帶來心理的負面影響。

當環境或工作流程不符合自己所願的時候，與其不停地埋怨，還不如費些心思在自己能力範圍內去謀求改變。

要知道，人生最大的障礙，不是辛苦卑微的工作內容，不是處處打壓的主管上司，眞正會阻擋你進步發展的，其實只有自己。

誠心幫忙，帶來無窮希望

 施比受更有福，發自內心主動幫助別人，將
為自己帶來更多的福氣。最後自己獲得了回
報，同時也為更多人帶來希望。

查理斯・杜德雷・華納曾說：「生命中最美麗的報酬之一
是：人在誠心地幫助別人的同時，也幫助了自己。」

幫助別人應該是快樂的事，應該是不勉強的事，應該是發
自內心的事，應該是心中堅持的信念。

當然，受人恩惠，更應知恩圖報，時時牢記在心。

以下就是一個關於感恩和回報的故事。

弗萊明是一個窮苦的蘇格蘭農夫。有一天，當他在田裡工
作時，忽然聽到附近泥沼裡有人發出求救的哭喊聲，他連忙放
下農具，跑到泥沼邊，發現一個小孩即將滅頂。

弗萊明立刻伸出援手，把這個瀕臨溺斃的小孩從死亡邊緣
救了出來。

隔天，農夫家門前停了一輛豪華的馬車，車上下來了一位
優雅的紳士。他自我介紹說是那名被救小孩的父親，也是上議

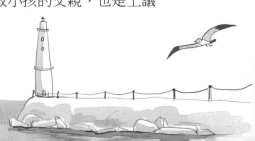

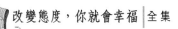
院的議員。

紳士說：「我要報答你，感謝你救了我孩子的生命。」

農夫說：「救人是天經地義的事，我不能因救你的小孩而接受報酬。」

一個堅持表達謝意，一個則堅持不受，兩人一時僵持不下。就在這時，農夫的兒子走進茅屋。

紳士問道：「這是你的兒子嗎？」

農夫很驕傲地回答說：「是。」

紳士說：「好，那麼讓我們來訂個協議，請你將他交給我，我會讓他接受良好的教育，他將來一定會成為一位令你驕傲的人。」

農夫答應了。

在這位紳士悉心培育下，農夫的兒子從聖瑪利亞醫學院畢業，成為舉世聞名的弗萊明·亞歷山大爵士，也就是盤尼西林的發明者。他於一九四四年受封爵位，並且得到諾貝爾獎，果然成為一名令父親驕傲的人。

數年後，紳士的兒子不幸染上了肺炎，救活他的是什麼呢？

答案是盤尼西林。

或許，你會好奇，那名紳士究竟是誰呢？

他是英國著名政治家邱吉爾爵士的父親。

羅斯·史麥爾茲曾說：「除非你能為那些永遠無法回報你的人盡些心力，否則即使你賺了錢，你的生活也不完美。」

佛家說「施比受更有福」，強調發自內心，主動幫助別人，

將為自己帶來更多的福氣。

農夫弗萊明是個質樸的鄉下人，認為對的事就應該毫不遲疑地去做。他並非因為那名小孩是上議院議員之子，才伸出援手，而是秉持著自己的信念，不忍見一個年幼的性命因此喪生。

也因為如此，他堅持婉拒了紳士邱吉爾的謝禮。

農夫的表現，令紳士佩服，於是他決定投資在農夫的孩子身上。這不只是因為他希望酬謝農夫，也不只是因為他有能力為這個孩子打開一扇未來的窗，更因為他相信「有其父必有其子」。

事實證明，他的眼光沒有看錯，他提供給弗萊明的「報酬」，最後自己獲得了回報，同時也為更多人帶來希望。

偶爾耍寶，為生命加點料

當人際關係緊繃的時候，開個小玩笑，舒緩緊張的氣氛，事情處理將會更有效率，輕鬆而不散漫，是一種健康的態度。

每個人一生或多或少都會幹點蠢事，讓自己糗到不行，當這樣的狀況出現，你會如何應對呢？是想要一頭撞死，還是一笑置之？

多年前曾有個糖果廣告令人印象深刻，一位衣著光鮮的女子，在街上走著走著，卻突然扭斷了鞋跟。路旁的男子見了，遲疑著是否要上前幫忙。女子在懊惱之餘，突然靈機一動，乾脆把另一隻腳的鞋跟也折斷，然後自在地步上原本的道路。

出糗了，怎麼辦？

不怎麼辦，轉個念頭，讓糗事也轉變成不同的面貌，或者運用點幽默的巧思，自我解嘲地開自己一點小玩笑，化解氣氛的尷尬，也排解自己挫折的心情。

幽默作家馬克·吐溫有一次到名畫家惠斯勒的畫室參觀時，看著畫室裡的每一幅畫作，馬克·吐溫終於忍不住好奇，伸手

摸了其中一幅油畫。

惠斯勒眼看阻止不及，佯裝生氣大吼叫道：「嘿！當心！你沒看到這幅畫還沒乾嗎？」

馬克‧吐溫也故作鎮定地回答：「啊，沒關係，還好我戴了手套。」

兩人相視片刻，而後開懷大笑。

果然，一皮天下無難事，惠斯勒就算真的氣得吹鬍子瞪眼睛，恐怕也拿馬克‧吐溫沒辦法吧。

試想，聰明機智的馬克‧吐溫怎麼會不知道畫作未乾時不能觸摸的道理呢？但是，人總有難得糊塗的時候，裝個傻、搞個笑，又何妨？

至於惠斯勒當然也沒有真的責怪的意思，油畫顏料沾染了，再拿些顏料層疊上去也就解決問題，縱使麻煩了一點，也無須大驚小怪。一開始的厲聲責備，擺明了就是要幽馬克‧吐溫一默。

兩個朋友毫無芥蒂地大開彼此玩笑，沒有無謂的衝突與誤會，只有幽默帶來的輕鬆氣氛。

馬克‧吐溫出的糗，認真追究起來也沒有什麼大不了，反而成了一次愉快相會的觸媒。

一件糗事，帶來的困擾可能是一時的尷尬和三年的笑果。這件糗事若能被彼此以輕鬆的態度記上三年，而且在重述的過程中沒有惡意的抹黑，是否也表示對方對你的關注和好感也持續了三年？

　　記得有兩位籃球員接受訪問時，其中一位提起另一位某次意圖灌籃卻意外出糗的笑話，被點名的那位球員忍不住臉上微紅地回應：「拜託，這個笑話你要說幾年才甘願！」

　　儘管這個話題多少還是讓他有點不好意思，但是言談舉止之間卻不見他有任何惱怒之意，只是馬上以對方所鬧的另一個笑話回敬，可以輕易覺察出兩位球員之間的友情相當深厚。原本有點死板的訪問現場，因為幾個笑話滿是笑聲，愉悅的氣氛彷彿連電視機前的觀眾也受到了感染。

　　別用小事折磨自己，該放下的時候就放下，當人際關係緊繃的時候，耍個寶，開個小玩笑，舒緩一下緊張的氣氛，事情處理將會更有效率。

　　輕鬆而不散漫，對生活來說，是一種健康的態度。

記取教訓才能改寫結局

怪罪別人似乎可以讓自己好過，只不過，要
能夠在失敗中記取教訓，重新整裝出發、才
有機會改寫結局。

　　有位哲人曾經說過一句警語，值得我們再三咀嚼：「心態
就是人真正的主人，如果你不用積極的心態駕馭生命，那麼生
命就會反過來駕馭你！你的心態將決定誰是騎師，誰是馬。」

　　千萬別用消極的心態處理事情，人生戰場上你來我往，勝
負往往在轉眼之間即見分曉，輸贏的關鍵很可能不過是一件看
來沒什麼大不了的小事。

　　就讓我們來看看下面這個因為小事而丟了政權的故事。

　　當亨利‧里奇蒙德伯爵帶領的軍隊正迎面撲來時，英格蘭
國王理查三世已準備好要出城拼死一戰了。

　　這場戰鬥的勝負結果，將決定要由誰來統治英國。

　　決戰的當天早上，國王命令一名馬夫前去備妥自己最喜歡
的戰馬，打算騎著愛馬出征，與敵人決一死戰。馬夫飛快地跑
到馬廄，才想起備戰的戰馬幾天前全移到鐵匠那兒補釘蹄鐵了。

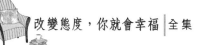
於是，他又氣喘吁吁地跑到打鐵舖，卻發現國王最喜歡的那匹馬竟還沒釘上蹄鐵。

「快給牠釘上！」馬夫連忙拉來馬匹說，「國王希望騎著牠上戰場。」

豈料，鐵匠卻回答：「你得等等，我前幾天才為全軍的馬匹都釘了鐵蹄，鐵片用光了，我還得再弄點兒鐵片來。」

「我等不及了。」馬夫不耐煩地叫道：「國王的敵人就快殺過來了，我們必須在戰場上給他們迎頭痛擊，有什麼你就用什麼吧。」

鐵匠不再多說，只好取來幾根鐵條，一一砸平、整形後，準備固定在馬蹄上，當他釘妥了三個馬掌後，卻又發現釘子不夠。

「還缺一兩個釘子，」鐵匠說：「得再花點兒時間砸出兩個。」

「我都告訴過你等不及了，你還囉嗦什麼？」馬夫急切地說：「你聽，軍號已經在響了，能不能隨便湊合湊合？」

「我還是可以把蹄鐵釘上，只是沒辦法像其他幾個那麼牢固。」

「能不能撐一陣子？」馬夫問。

「應該能，」鐵匠回答，「但我沒把握。」

「好吧，就這樣，能釘得住就成了。」馬夫叫道：「快點，要不然國王會怪罪到咱們倆頭上的。」

於是，兩個人就這麼隨隨便便交差了事。

兩軍陣前交鋒，理查國王領頭衝鋒陷陣，鞭策著士兵奮力迎戰。「衝啊，衝啊！」他高喊聲著，同時率領部隊衝向敵營。

　　遠遠地，他看見戰場另一頭幾個自己的士兵似乎退卻了，他擔心如果別人看見了，也會心生退意。於是，理查國王勒馬轉向，揚鞭策馬衝向那個缺口，並頻頻呼喚士兵調頭戰鬥。但是他還沒走到一半，一只鐵蹄突然掉了，戰馬絆了腳，跌翻在地上，理查也被拋飛出去。

　　理查國王還來不及抓回韁繩，那匹驚恐的畜牲就跳起來逃走了。理查環顧四周，他的士兵紛紛轉身撤退，敵人的軍隊卻不斷層層地包圍了上來。

　　他憤而在空中揮舞寶劍，吼道：「這匹該死的馬，我的國家傾覆就因為這匹沒用的馬！」

　　國王失去了坐騎，他的軍隊已經分崩離析，猶如一盤散沙，士兵們個個自顧不暇。落單的理查國王很快被敵軍俘獲，結束了這一場戰役。

　　這件事流傳開來，很多人都說，理查三世之所以兵敗被俘，全都是因為少了一個馬蹄釘子。

　　然而，真的是那個馬蹄釘子的錯嗎？怯弱的士兵、動作溫吞的鐵匠、莽撞馬虎的馬夫，還有國王理查本身，難道都不該為這場失敗的戰役負責？

　　理查三世既然非得騎那匹馬不可，為什麼不提早下令，讓馬夫事先準備，儘早檢查妥當？

　　馬夫既然知道國王必定要騎那匹戰馬，為什麼在交接馬匹時不事先交代要先為這匹戰馬上蹄鐵？時間來不及又為何不肯呈報國王更換馬匹？

　　鐵匠明知少了一個馬釘可能使馬匹在奔馳時失足受傷，為何不肯堅持把事情做好，反而同意馬虎了事？

　　種種的原因交互作用，使得這場戰爭吃了敗仗，既然結局是由眾人譜寫而成的，那麼錯誤也該由所有的人承擔。

　　這個故事說明了，要一個人勇敢承認自己的錯誤，滋味實在過於苦澀難嚥，怪罪別人似乎可以讓自己好過一點，反正千錯萬錯都是別人的錯，沒人可怪的時候，就埋怨老天充數。

　　只不過，這些都於事無補，要能夠在失敗中記取教訓，重新整裝出發、捲土重來，才有機會改寫結局。

設計一個「欲蓋彌彰」的計謀

當你想要別人為自己「分憂解勞」時，不妨
保持適度的神祕感，引起對方高度的興趣，
對方就會樂於為你做牛做馬。

現代的社會，各行各業都競爭得十分激烈，不管哪個領域
都上演著優勝劣敗的殘酷淘汰，身在其中的人也遭遇著各式各
樣的難題。

活在這個腦力競賽的時代，不管遭遇什麼問題，都要先理
清自己的思緒；有清楚的想法，才有穩紮穩打的做法，才能從
容展現解決問題的能力。

著名的激勵作家皮爾牧師曾說：「應該睜大眼睛瞪著問題，
對它進行分析，那時你就會覺得問題並不如外表看起來那樣困
難。」

處理問題的關鍵就在於，面對問題的時候，要保持冷靜，
千萬別急於解決而搞砸，讓問題越滾越大。

美國文豪馬克・吐溫小時候，有一次因為逃學，被媽媽處
罰刷圍牆。

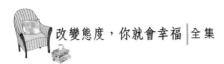

　　圍牆約有三十碼長，比他的頭頂還高。他百無聊賴地把刷子蘸上灰漿，唏哩呼嚕地刷了幾下，可是，刷過的部分和還沒刷的部分相比，就好像一滴墨水掉在一個球場上，瞧也瞧不見。

　　一大片待刷的圍牆，他看了就心煩，於是，刷子一丟，灰心喪氣地坐下來，抓抓頭想想看有什麼法子可以躲得過這件煩人的差事。

　　沒過多久，他看見好夥伴桑迪，提了一只水桶跑過來，連忙出聲叫住他：「嘿！桑迪，打個商量，你來替我刷牆，我去幫你提水。」

　　桑迪聽了好像有點動搖。

　　「還有，如果你答應的話，我就把我那隻腫了的腳趾頭給你看。」

　　桑迪禁不住誘惑，好奇地看著馬克‧吐溫慢慢解開腳上的紗布。可是，最後桑迪還是提著水桶跑開了，原來他媽媽正在院子裡瞧著呢。

　　馬克‧吐溫見到手的肥羊咻地一聲溜走了，洩氣地把紗布包好，再拿起刷子，認命地刷著。

　　不久，另一個夥伴羅伯特啃著一只香脆多汁的大蘋果慢步走來，惹得馬克‧吐溫直流口水。突然，他心生一計，十分認真地刷起牆來，而且每刷一下都要停下來左顧右盼，打量一下效果，活像大畫家在修改作品似的。

　　「嗨！馬克，我正要去游泳。」羅伯特對他說：「不過，我知道你去不了，對吧？因為你得幹活。」

　　「什麼？你說這叫幹活？」馬克‧吐溫叫起來。「這哪裡是幹活啊？你不知道，它正合我的胃口，實在有趣極了，你說

哪個小孩能天天玩刷牆的遊戲呀？」他更加賣力地刷著，一舉
一動看起來都特別快樂。

　　羅伯特看得不禁入了迷，好像連蘋果也不那麼有味道了。

　　「嘿，也讓我來刷刷看。」

　　「你想都別想了，這麼好玩的事，我才不讓給別人做呢！」
馬克‧吐溫想都不想，一口拒絕了。

　　「那……這樣吧，我把蘋果核兒給你。」羅伯特開始懇求。

　　「我是可以考慮考慮啦，不過，我媽媽特別交代這面重要
的圍牆，非由我來刷不可，所以……」馬克‧吐溫故意吞吞吐
吐地說。

　　「不然，我把這個蘋果給你！這樣總可以了吧。」羅伯特
自口袋裡掏出了另一個大蘋果。

　　「好吧，既然你這麼有誠意，我又是你的好哥兒們，喏，
刷子給你。」

　　馬克‧吐溫終於把刷子交給了羅伯特，坐到樹蔭下愉快地
吃著蘋果，一邊看著羅伯特為著自己極力爭取來的權利努力刷
著大片圍牆。

　　整個悶熱的下午，一個又一個男孩子從圍牆經過，原本高
高興興想去度週末，但最後他們一個個都想留下來，試試刷那
面「重要的圍牆」。

　　馬克‧吐溫為此收到了不少交換物：一隻獨眼的貓，一隻
死老鼠，一顆小彈石，還有四塊橘子皮。

　　這名世界知名的幽默大師，將這個下午的經歷，寫進了《湯

姆歷險記》書中，成了聰明狡黠的主人翁湯姆充滿趣味的生活
情節之一。

鎖得愈緊的箱子，愈讓人想快點兒把它打開，瞧瞧裡頭到
底藏了什麼東西，這是因為人性中的好奇心理總是認為，得不
到的東西一定最好。

因此，費了許多代價卻始終得不到的事物，不只不會讓人
打退堂鼓，反而令人更加興致勃勃地想一探究竟。

不要因為眼前的事務煩悶，當你想要別人為自己「分憂解
勞」時，不妨保持適度的神祕感，再耍點欲蓋彌彰的小手段，
引起對方高度的興趣，對方就會樂於為你做牛做馬。

創造自己的競爭優勢

做生意的策略，絕非一成不變，只要能掌握
人棄我取的方法，看準時機場合，要坐享奇
貨可居的優勢，並非難事。

第一名誰不想當？但是，第一名的位置只有一個，眾人爭
搶的資源也相當有限，想要勝出，一定得經過一番激烈爭鬥，
才能見真章。

可是，有些人卻能真正了解自己的能力與特質，懂得從車
馬喧譁的大道旁，走出一條獨具風味的羊腸小徑。

十九世紀中葉，美國加州傳來發現金礦的消息。一時間這
股淘金熱潮，襲捲了世界各地，許多人都想把握這個千載難逢
的機會，爭相動身前往加州，盼望一圓坐擁金山的美夢。

一名十七歲的小農夫亞默爾也加入了這支龐大淘金隊伍的
行列。他歷盡了千辛萬苦，終於抵達了淘金聖地——加州。

淘金夢是美麗的，卻也是容易幻滅的，隨著越來越多的人
蜂擁而至，轉眼間彷彿遍地都是淘金者，人多金少，可想而知，
金子是越來越難淘了。有時候辛苦了大半天，連粒金渣子都瞧

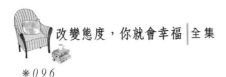

不見。

不但金子難淘，生活條件也越來越艱苦。金礦區不只氣候乾燥，而且水源奇缺，許多不幸的淘金者非但沒有辦法一圓發財夢，反倒因為生活環境不良，結果生病或飲食不足而客死異鄉。

亞默爾來到加州後，也和大多數人一樣，沒發現半點黃金，反而飽受飢渴折磨，痛苦得不得了。

一天，他望著水袋中僅剩下一點點捨不得喝的水，聽著周圍人不斷地抱怨缺水的痛苦，亞默爾忽發奇想：「淘金的希望實在太渺茫了，既然大家都缺水，不如我來賣水，說不定還有點賺頭。」

心隨意動，於是亞默爾毅然放棄尋找金礦，改將手中的挖礦工具拿來挖掘水渠，從遠方將河水引入掘好的水池，再以細沙過濾一番，終於得到清涼可口的飲用水。

亞默爾將水裝進桶裡，挑到礦區的山谷中，一壺一壺賣給前來尋找金礦的淘金客。當時，有人嘲笑亞默爾，說他胸無大志：「千辛萬苦地趕到加州來，不想挖金子發大財，卻幹起這種蠅頭小利的小買賣，光這點小生意就滿足的話，何必跑到這裡來！」

亞默爾絲毫不為所動，繼續賣他的水。

結果，大多數淘金者都空手而歸，而亞默爾卻在很短的時間裡，光靠賣水就賺到六千美元，這在當時已是一筆非常可觀的財富了。

　　做生意的策略，絕非一成不變，只要能掌握人棄我取的方法，看準時機場合，要坐享奇貨可居的優勢，並非難事。

　　水，雖然隨處可見、毫不起眼，但卻是人人不可或缺的生命元素。亞默爾只要挖好了渠道，就有源源不絕的水源，幾乎稱得上是不用本錢的無本生意了，更何況只有他一人賣水，搶得了先機，當然大發利市。

　　想要爭搶龍頭大位，若沒有頂尖的本事，是一點競爭力也沒有的，即使投注了再多的時間與精力，可能還是免不了要看人數鈔票；反倒是不受重視的第二名、第三名，不但風險小一點，說不定還有更多發展的空間。

　　或許和挖到金礦的幸運兒相比，亞默爾的獲利根本不值一提，但他能在穩定中求生存，比起那些耗盡心力仍執迷不悟的人，反而得到了更多。

4. 改變才是成功的關鍵

也許你沒有顯赫的家世背景，

沒有令人羨慕的耀眼學歷，

更沒有一個富可敵國的老爸，

但是，只要你肯改變心態，

照樣可以出頭天。

說該說的話，做該做的事

只要我們說該說的話，做該做的事，勇敢地
表達自己的想法，都能得到我們等待許久的
機會。

謹言慎行很重要，但是我們也不需要挖空心思，因為只有
自然地表達自己的想法，說出心中真正想說的話，才能真誠地
與人交往。

對於你認為應該說的話與應該做的事，不論對不對、可不
可行，不論別人是否會嘲笑，儘管順著心性勇敢地表達。因為，
不論結果如何，至少你已經往目標踏出第一步。

一九四九年，在「瑪麗亞王后」的客輪上，十六歲的布克
正準備跨進邱吉爾的艙房時，邱吉爾正好從人群中走了出來，
一邊走一邊和大家握手，接著，挽住布克的父親，大步走到屋
子的另一端。

布克則擠到父親的身邊，邱吉爾看見他，和善地拍了拍他
的頭。不過，父親卻在這時給了他一個叮嚀：「別亂說話啊！」

邱吉爾開始演講了，當他提到「鐵幕」一詞時，布克的父

親說：「您的預言又實現了，英國和西方之間存在著可怕的分歧，您認為該怎麼做？」

只見邱吉爾站了起來，像在發表演說似的：「喔！你不會是想要求我，踏上那道跨越鴻溝上的獨木橋吧？」

這段帶點嘲諷的話語，引起人們哄堂大笑。

這些笑聲同時也沖淡了布克的不自在，居然輕鬆得忘了父親的叮嚀。

只見他大聲地問：「邱吉爾先生，如果俄國人的原子彈成功了，你認為他們會使用它嗎？」

這時，父親看了他一眼，布克也立刻後悔自己不該這麼多話。

不過，邱吉爾似乎對這個問題很感興趣，回答說：「嗯！那得視情形而定，或許東方會有三顆原子彈，西方也可能有一百顆。如果反過來……」

說到這裡，邱吉爾頓了一下，才又繼續說道：「你明白，就原子彈而言，這全是一個……」

「他似乎想不出精確的詞，來闡述心中的想法？」布克完全沒看出來，其實邱吉爾是故意在吊人胃口。看著邱吉爾遲遲表達不出來，於是，布克充滿自信地說：「邱吉爾先生，你是不是想說，這全是一個『平衡』的問題？」

父親看到布克又多嘴了，很慌張地把兒子拉到身邊，這時，邱吉爾卻忽然指著布克，開心地說：「哈！就是這詞兒，『平衡』是個很好的字眼，只是不管在任何時候，這個詞經常被人遺忘了。年輕人，以後你每天醒來時，可要站在鏡子前面，自己說這個字啊！」

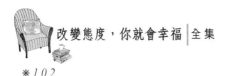

　　說話自然，有助於真理出現，自然地說話，我們才會聽見真摯的聲音。就拿布克與父親來比較，父親的每一句話都經過修飾，並小心翼翼地迎合著邱吉爾，甚至為他的話語解套；反觀布克，心中的問題與話語，都直接而坦率地表達出來，不加修飾，這反而更顯出他的機智。

　　從這故事中，我們可以看出什麼呢？

　　有句諺語說：「說得恰當勝過說得漂亮！」

　　只要我們說該說的話，做該做的事，像布克一樣適時而勇敢地表達自己的想法，相信我們都能像布克一樣，得到相同的鼓勵與讚賞，甚至得到等待了許久的機會。

改變才是成功的關鍵

也許你沒有顯赫的家世背景，沒有令人羨慕的
耀眼學歷，更沒有一個富可敵國的老爸，但
是，只要你肯改變心態，照樣可以出頭天。

　　事情的成敗往往由心態決定，而不是由智商決定，只有懂
得改變心態的人，才能改變人生，獲得自己想要的成就。

　　人的聰明才智，其實是從比較而來的，比方說，甲比乙聰
明、乙又比丙聰明……等等。我們還特地發明了智力測驗，目
的是爲了測測我們聰不聰明，或者比別人聰明多少。

　　智商，這個做完智力測驗所獲得的數字，影響著許多人的
一生，但我們可曾想過，這個數字究竟代表著什麼？

　　那些測驗題到底是誰或是憑據什麼選出來當題目的，爲什
麼我們要讓它主宰我們的人生？會做這些題目，就眞的代表著
比較聰明嗎？不會做的人，就眞的一無可取嗎？

　　美國心理學博士艾薩克・阿西莫夫在部隊服役時，曾接受
過一種全體士兵都參加的智力測驗，獲得了一百六十分的高分。

　　由於基地上從沒人有過這麼高的分數，而且平均標準值也

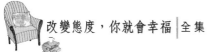

才不過是一百分，於是他理所當然地被稱為天才。

只不過，眾人的稱讚並沒有改變他的境遇，智力測驗後的第二天，他仍是一名普通士兵，最高職務也不過是擔任伙食值勤員，但那種天才的感覺卻是相當美妙的。

以後，他一生中一直得到這樣的高分，獲得許多人的尊敬，所以他有充足的理由相信自己非常聰明，同時希望別人也這樣看待自己。

然而，他也曾自問：「智商高意味著什麼呢？也許僅僅表示我很善於做智力測驗題，出題的人會不會可能只是智力類型和愛好都跟我類似的人罷了？他們編出來的題目，真的能衡量出人的智力水準嗎？」

艾薩克‧阿西莫夫還舉例說，有位汽車修理師，據他估計，不大可能在智商測驗中得到超過三十分的成績，所以，他不免想當然地認為自己比他聰明得多。然而，每當艾薩克的汽車出了毛病，就得急急忙忙地去找他，焦急地注視著他檢查汽車的每個部位，對他的分析如聆聽神諭般洗耳恭聽，而且他總是能把汽車修好。

他說：「那麼，如果讓這位修理師來主持智商測驗，或者由木匠、農夫等各行各業的任何一個人來設計題目，結果都會顯示我是一個笨蛋。如果不讓我使用從學院裡學習來的語言技巧，如果我不得不用雙手去做一些複雜而艱苦的工作……，我肯定做得很差勁。」

由阿西莫夫的這些質疑，我們可以得出一個結論：智商並

不是絕對的，它評定出來的價值，並不代表著生命的全部。

　　智商測驗本來就是由一小部分人決定的，而且把標準強加於人們的身上，事實上每一種測驗都是如此。接不接受這種世俗的價值標準，其實全看個人，因為，這個世界實在有太多的人定出太多的標準，有些人用財產多寡作為衡量標準，有些以朋友知交取勝，所以也不必因為達到一兩項高標準就不可一世，或因為幾項不合格而灰心喪志。

　　光就工作領域而言，所謂「聞道有先後，術業有專攻」，而隔行更如隔座山，沒有接觸的人就是門外漢，我想沒有人敢稱自己是全才萬事通吧，不要落得樣樣通、樣樣鬆就好。

　　有些人智商雖然高，可是EQ卻低得可憐，他們的生活不見得會過得比較快樂。要尊重別人的專才，更相信自己的專業，因為智商與成就其實沒有絕對關聯的；平凡的人，也能夠展現非凡的力量。

　　俄國作家契訶夫曾說：「真正的成功者，經常是隱藏在普羅大眾之中，絕不擠向人前去露臉。」

　　改變才是成功的關鍵，也許你沒有顯赫的家世背景，沒有令人羨慕的耀眼學歷，更沒有一個富可敵國的老爸，但是，只要你肯改變心態，按部就班默默耕耘，將每一個挫折都當作成功的起點，就算你是一個顯為人知的普通小人物，照樣可以出頭天。

用體諒與包容減少遺憾

或許我們該再試著重拾那樣的感動，在自己能力的範圍之內，主動地關懷別人，及時伸出援手，那麼，這個世界將會流洩出更多的溫情，減少過多遺憾的發生。

里奧‧巴斯塔博士在其作品中曾說到：「很不幸的，我們教育體系的設計，就像在我們身上施打防疫針，使我們對於感同身受、憐憫心與普遍的善行都產生了抗體。」

現實殘酷的社會鼓勵我們往個人主義的方向走去，這就成為我們共同的價值觀。我們在這樣的訓練下，變得只重視智力發展，變得厚顏無恥，也變得自戀、自大。我們在這樣的訓練下變得冷血、變得無情，變得對許多事物都毫不在乎，也漠不關心。曾經有這麼一則故事，讀來令人動容。

越戰結束之後，一個美國士兵從越南戰場回到國內，在舊金山打了一通電話給他的父母。「爸爸，媽媽，我要回家了！但我想請你們幫我一個忙，我要帶一位我的朋友回來。」

「當然可以。」父母回答道：「我們會很高興見到他的。」

「有件事必須先告訴你們，」兒子繼續說：「他在戰鬥中

受了重傷，他踩著一個地雷，失去了一隻胳膊和一條腿。他無
處可去，我希望他能來我們家和我們一起生活。」

「我很遺憾聽到這件事，不過，孩子，也許我們可以另外
幫他找一個適當的地方住下。」

「不，我希望他和我們住在一起。」兒子堅持。

「孩子，」父親說：「你不知道你在說些什麼，這樣一個
殘障的人將會給我們帶來沉重的負擔，我們不能讓這種事干擾
我們的生活。我想你還是趕快回家來，把這個人給忘掉，他自
己會找到活路的。」

就在這個時候，兒子突然掛上了電話，而這對父母再也沒
有得到他們兒子的消息。

幾天後，他們接到舊金山警察局打來的一通電話，告知他
們的兒子從高樓上墜地而亡，警方判定是自殺。

悲痛欲絕的父母連夜飛往舊金山。在陳屍間裡，他們驚愕
地發現，他們的兒子只有一隻胳膊和一條腿。

那對父母其實並沒什麼大錯，因為他們只不過表達了不願
意為了一名陌生人而擾亂了自己原本的生活，但是他們的兒子
卻完全明白了，以自己目前的狀況，他的雙親會覺得是一種負
擔，他不願意逼迫他的父母因為至親的緣故才勉強忍受自己。
於是，他選擇了永遠地離開，留下一對傷痛欲絕卻後悔莫及的
父母，活在無限的懊悔之中。

在功利又勢利的社會裡，我們學會以價值來衡量，我們漸
漸忘記幫助別人所帶來的內心喜樂。人人自掃門前雪，為了怕

自己受到傷害，於是選擇孤獨與疏離，所以這個世界變得冷漠了。

此外，大部分時候，我們不會立即發現自己脫口而出的話語，已經深深地刺傷周圍的人，甚至是自己最至親的家人，當自己察覺時，往往已經造成無法挽救的遺憾了。

美國詩人愛蜜莉‧狄更生曾經寫下這樣的詩句：「如果我能使一顆心免於破碎，我的人生就沒有白活；如果我能減輕一個人的痛苦，或是讓他好過一些，甚至是將病弱的小鳥送回家，我的人生就沒有白活。」

或許，我們該再試著重拾那樣的感動，在自己能力許可的範圍之內，主動地關懷別人，及時伸出援手，那麼，這個世界將會流洩出更多的溫情，減少過多遺憾的發生。

該感恩的，不該視為理所當然

想要平靜快樂的生活，不留遺憾，就該常懷感
恩之心，隨時準備回報關懷我們的愛，或許就
先從我們生命中重要的人、事、物開始。

在成長的過程當中，我們恣意地享受父母羽翼下所提供的
溫暖，長久下來，漸漸視為理所當然，甚至對於父母的頻頻關
心視為叨唸，嫌他們麻煩，竟忘記在我們成長之後，他們已漸
漸垂老。

下面是一則感動人的故事，提醒我們不要忘了及時回報雙
親的養育之恩，即使只是為他們洗洗腳也罷。

一位日本知名大學畢業生前往一家大公司應徵，由社長親
自面試的最後關卡，他從容應對，展現不凡的實力。當面談快
結束時，社長靜靜地審視著他的臉，出乎意外地問：「你替父
母洗過澡或擦過身體嗎？」

「從來沒有過。」青年很老實地回答。

「那麼，你替父母捶過背嗎？」

青年想了想，誠實地回答說：「有過，那是我在讀小學的

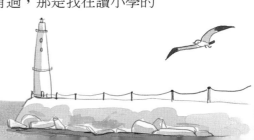

時候，那次母親還給了我十塊錢。」

面談很快地結束了，當青年臨走時，社長突然對他說：「明天這個時候，請你再來一次。不過，有一個條件，剛才你說從來沒有替父母擦過身，明天來這裡之前，希望你一定要為父母擦一次身。你能做到嗎？」

既然這是社長的吩咐，攸關著工作的成敗，因此青年一口答應。

這名青年剛出生不久後父親便去世，母親為人幫傭拼命掙錢，養兒持家。儘管大學學費令人咋舌，但他的母親仍毫無怨言，繼續幫傭供他上學。直至今日，母親還外出工作，等青年到家時，母親還沒有回來。

青年心想，母親出門在外，腳一定很髒，他決定替母親洗腳。母親回來後，聽到兒子要替她洗腳，不禁感到很奇怪：「腳，我還洗得動，我自己來洗吧。」

於是，青年將自己必須替母親洗腳的原委一說，母親只好依著兒子的要求坐下，把腳放進水盆裡。

青年右手拿著毛巾，左手抓握著母親的腳，訝異地發現母親的腳已經像木棒一樣僵硬，不由得摟著母親的腳潸然淚下。回想起在讀書時，他是如何理所當然地花用著母親如期送來的學費和零用錢，現在他才知道，那些錢其實是母親以血汗換回來的。

第二天，青年依約去那家公司，對社長說：「現在我才知道母親為了我受了很大的苦，你使我明白了在學校裡沒有學過的道理，謝謝社長。如果不是你，我還從來沒有握過母親的腳，我只有母親一個親人，我要好好照顧，再不能讓她受苦了。」

社長點了點頭，說：「你明天到公司上班吧。」

一場深具寓意的面試讓一名青年及時醒悟，在他的人生中還有一件重要的事——奉養父母。

　　我們往往理所當然地接受家人的關注，以及不需理由的支持，結果常常忘了感恩。虧欠別人的會一直耿耿於懷，隨時想找機會報恩，償還人情債，但是面對親人的援手，好像就可以省去這個步驟，認為：「反正你應該知道我是在乎你的，不就好了？」然而，這樣真的就好了嗎？

　　其實，我們不具有窺心的能力，怎麼能理所當然認為對方應該知道自己的想法呢？就算親子連心，把話放在心底和把愛說出來，也是截然不同的感受。既然家人是你深愛、重視的，為什麼反而不曾在乎過他們內心的感受呢？

　　不懂感恩的人無法快樂，因為當你對事物有過多理所當然的期望時，一旦期望落空時，所感受到的會是更多的失望，心情只會更加沮喪，如何快樂得起來？反觀，對事物沒有太多期望的時候，當結局遠超過預期的美好，除了心情雀躍之外，心中必定更是感激莫名的。

　　大部分的人都是在面臨失落的威脅之際，才會心生感激，才有感恩的想法，因為曾經以為再也無法擁有。

　　由此可見，感恩與快樂是有相乘的關聯存在。

　　想要平靜快樂的生活，不留遺憾，就該常懷感恩之心，隨時準備回報關懷我們的愛，或許就先從我們生命中重要的人、事、物開始。

克盡一分孝心，今日就是良辰

去盡一分孝心，今天就是良辰；儘管此時此刻所能給予父母的僅是一句問候、一個擁抱，或許都能讓父母感動不已。

孝敬父母是一門充滿智慧的學問，會教導我們認識自己，但是許多人卻不知及時行孝而讓自己後悔莫及。

樹欲靜而風不止，子欲養而親不待。許多身為子女的總是想等自己擁有富貴再來孝順父母，讓父母過舒服的日子……，這樣的想法固然是很正當，也顯示為人子女的有所謂的孝心，但我們可曾想過，沒有付諸行動，其實所說的一切都等於零。

一位旅居海外的男子，離鄉背井在國外落地生根，雖然幾次想要將年邁的母親接來同住，但他始終覺得經濟情況不夠好，所以一直沒有成行。後來，他有了自己的家庭，接母親前來同住的日子仍不斷地延後，因為總有許多考量因素，讓他覺得準備不及。

一天，他高齡六十七歲的舅舅打了一通電話給他，跟他說了一個故事。

「有一位二十九歲就開始守寡的婦人，獨自帶著一兒一女艱難度日，卻始終不肯改嫁，怕讓孩子受到委屈。當兒子長大成人後，外出闖蕩天下，落腳在另外一個城市。他並沒有忘記母親的養育之恩，一直盼望等生活境況好些，再把母親和妹妹接來享福，為此，他還為母親準備好了一套嶄新的衣裳和一雙母親最愛穿的軟底鞋，等待著那喜洋洋的團聚時刻，沒想到卻錯過了一次又一次的機會。忽然有一天，他接到妹妹發來的電報，母親因罹患腦溢血突然去世了。當他匆忙趕回，並親手為母親穿上衣服和鞋子時，那種悔恨刺得他心都碎了。」

男子聽完，掛斷了電話，第二天就回鄉探望母親──也就是故事中的妹妹，並積極排除萬難，儘速安排將母親接來同住的事宜。

他知道，儘管現在的經濟狀況，距離想為母親做的還差得很遠很遠，但他已深深體會到，有些事情如果現在不做，等到想做或有能力做得更完美時，卻已經來不及了。

法國作家薩爾丹曾說：「愛就是無限的寬容，些許之事也能帶來喜悅。愛就是無意識的善意，自我的徹底忘卻。」

父母親對子女的愛往往如此，子女對父母的愛也應該如此。去盡一分孝心，今天就是良辰；儘管此時此刻所能給予父母的，或許僅是一句問候、一個擁抱，但這些都能讓父母感動不已。

父母對子女的愛，是天生自然的，是毫無所求的，他們拼盡全力，只求能讓子女不受苦、過得舒服。

　　雖然「養兒防老」已是現代人不敢奢望的想法，但爲人子女又如何能眞的如此輕忽對待養育自己的雙親？受人點滴都應該要泉湧以報了，更何況是如山似海的父母恩情？

　　能讓父母享受錦衣玉食，當然是最好，但是別以此爲藉口而不斷拖延，等到一切太遲時，就後悔莫及，千萬不要讓自己的孝心變成狠心。

　　現在就起身給你的父母一聲問候、一個擁抱，或許勝過一頓大餐，更能讓父母感到欣慰。

為善更要心存慈悲

在幫助別人的時候，我們更應該心存慈悲、
小心翼翼，因為人在低潮的時候，特別敏
感，特別易傷自尊，很容易把別人的好意視
為同情與憐憫。

哈利‧提佩特認為：「在所有美德所形成的花園中，慈悲
是最可愛的一朵小花。它可以在所有的土壤中綻放、盛開，甚
至是在最黑暗的角落裡。它知道無論在任何季節裡，以及在任
何地方，它能一樣茂盛成長。」

這個越來越冷漠的世界需要更多慈悲的行為，來驅動人類
內心善良的力量，讓世界變得更加美好。只是，為善也要懂得
運用方法，否則不但得不到別人的感謝，反而適得其反。

還記得古時候那位堅持不吃嗟來食因而餓死的饑民嗎？即
使是貧窮和弱勢，甚至是走投無路的人，也有權利決定不去滿
足你虛榮的慈悲心。

從前有位善心的富翁，蓋了一幢大房子，特別要求營造的
師傅把那四周的屋簷，建得加倍的長，使貧苦無家的人，能在
下面暫避風雪。

　　房子建成了，果然有許多窮人聚集簷下，但是日久下來，他們非但不肯離去，甚至生火煮飯，擺起攤子做買賣。嘈雜的人聲與油煙，使富翁不堪其擾；心中不悅的家人，也常與簷下的人爭吵。

　　一年冬天，有個老人在簷下凍死了，大家更是破口大罵富翁為富不仁；到了夏天，一場強風颱過，別人的房子都沒事，富翁的房子因為屋簷特長，居然被掀了頂，村人們都說這是惡有惡報。

　　重修屋頂時，富翁要求只建小小的屋簷，因為他明白：施人餘蔭總讓受施者有仰人鼻息的自卑感，結果由自卑變成了敵對。

　　後來，富翁把一筆錢捐給慈善機構，並蓋了一間小房子，這房子能蔭庇的範圍雖然遠比以前的屋簷小，但是四面有牆，許多無家可歸的人，都能在其中獲得暫時的庇護。

　　沒過幾年，富翁成了村中最受歡迎的人，即使在他死後，人們仍然紀念著他。

　　想要幫助別人的時候，我們更應該心存慈悲、小心翼翼，因為人在低潮的時候特別敏感，特別易傷自尊，很容易把別人的好意視為同情與憐憫，處理得不好，彼此都會受到傷害；施者覺得自己的熱臉貼上了冷屁股，而受者則有嚴重的羞辱感。

　　相信我們在伸出援手的時候，目的並不是為了要沽名釣譽，抑或是藉著別人的悲慘遭遇來突顯自己的優越感，所以，我們不需要去做一些形式上的施與，那沒有任何實質上的幫助，而

是要真正從自己出得了力的地方著手，顧全對方的自尊，才是真正的助人。

我們無法化解別人的哀傷，因為事實上除非我們有過同樣的遭遇，否則不可能感同身受，但是我們能夠傾聽與陪伴，分受種種情緒，讓他們依自己的步調走出傷痛。

有人說：「世界就像一面鏡子，它反映著你所做的一切，如果你肯對他人微笑，他們也會對你報以一笑。」

秉持著善意行事，行動之前站在對方的立場上設想，就能夠減低誤會的發生。就像故事中的富翁一般，他原想為善不欲人知，卻沒有想到未能貼近那些需要幫助的人真正的需求，所以收到了反效果，反而受人怨懟。

與其如此，倒不如改變方法，提供求助的管道，比方說慈善機構等，讓有需求的人可按圖索驥，讓需要幫助的人，真正得到幫助。

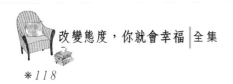
心靈的傷口，即使彌補仍留疤痕

人在憤怒的時候，所說的話語全部是以攻擊、傷害對方為出發點，即便事後後悔了，也如同那些遺留下來的釘孔般，永遠沒有辦法恢復原狀，再怎麼彌補也看得出痕跡。

哲學家斯賓諾莎曾經寫道：「一個人被情緒支配，行為便沒有自主之權，進而讓自己被命運宰割。」

的確，在面對難以解決的問題，非但不能受到仇恨、憤怒或嫉妒的情緒影響，反而必須學會用自己的思緒去控制這些只會敗事的負面情緒。

發脾氣是很容易的事，只要心中不滿，臉上的表情看來一定難看醜陋，即使笑也是強顏歡笑。

可是，當我們貿然把怒氣向旁人揮灑時，別人所受到的傷害，並不是我們所能預期與設想的。

有個脾氣很壞的小男孩，幾乎無時無刻不生氣，常常鬧得雞飛狗跳、不得安寧。

一天，他的父親給了他一大包釘子，要求他每發一次脾氣都必須用鐵鎚在後院的柵欄上釘一根釘子。

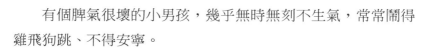

第一天，小男孩就在柵欄上釘了三十七根釘子。

但隨著時間過去，柵欄上的釘子數目逐漸減少了，因為他發現控制自己的壞脾氣比往柵欄上釘釘子要容易得多了。於是，過了幾個星期，小男孩學會控制自己的脾氣了。

他把自己的轉變告訴了父親。

他父親又說：「如果你能維持一整天不發脾氣，那麼，就從柵欄上拔下一根釘子。」

經過一段時間，小男孩終於把柵欄上所有的釘子都拔掉了。

父親來到柵欄邊，對男孩說：「兒子，你做得很好。但是，你看釘子在柵欄上留下那麼多小孔，柵欄再也不會是原來的樣子了。記住，當你向別人發過脾氣之後，就會在人們的心靈上留下疤痕，就好比用刀子刺向了某人的身體，然後再拔出來。無論你說多少次對不起，那傷口都會永遠存在。口頭上的傷害與肉體的傷害沒什麼兩樣。」

雖然有很多人建議我們，不要太在乎別人的看法，會讓自己過得比較快樂，但事實上，我們很難不去在乎別人的看法。

如果有人對我們發出攻擊的言辭，儘管可以據理力爭，即使在口語、面子上不落人後，但是內心受傷的感覺卻無法消除。

所以說，吵架是一項兩敗俱傷的活動，吵贏的和吵輸的一定都不可避免的造了口業，更何況人在憤怒的時候，所說的話語全部是以攻擊、傷害對方為出發點，即便事後後悔了，也如同那些遺留下來的釘孔般，永遠沒有辦法恢復原狀，再怎麼彌補也看得出痕跡。

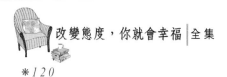

　　只是很可悲的，即使是最親近的人，也會發生摩擦，也會彼此爭執，也同樣會在爭執之中彼此傷害。

　　因此，為了不讓自己後悔誤傷了自己重視在乎的人，請小心地宣洩自己的情緒，在發脾氣之前想辦法冷靜下來，好比用力深呼吸幾次，想想看有沒有什麼比爭吵罵人更好的方法，或許你就能做出不讓自己後悔的決定。

改變心態，會讓自己更幸福

人的慾望是無法滿足的，而機會卻稍縱即逝。貪慾不僅讓人難以得到更多，甚至連原本可以得到的也將失去。

還記得「金斧頭與銀斧頭」的故事嗎？

樵夫的貪心鄰居，自從得知樵夫從湖神處得到了金銀斧頭，便有樣學樣，到最後反而連自己原本的普通斧頭都失去了。

我們常因為在某次機會裡得到了小利，卻異想天開地想要就此獲得更多，往往到頭來什麼都得不到，豈不是「得不償失」嗎？

貪心的結果往往是失去了更多。然而，人要如何克制自己的貪念和慾望，無疑是一生中最大的難題。

有個小男孩和祖父進入林子裡去捕野雞。

祖父做了一種捕獵機，看起來像一只箱子，用木棍支起，木棍上繫著的繩子一直接到男孩隱蔽的灌木叢中。只要野雞受到玉米粒的誘惑，一路啄食而來，就會進入箱子的範圍，一拉繩子就大功告成。

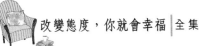
男孩才剛架好箱子和木棍，藏起不久，就飛來一群野雞，共有九隻。

大概是餓久了，不一會兒就有六隻野雞走進了箱子。

男孩正要拉繩子，但是，心裡忍不住想著：「說不定另外三隻也會進去，再等等吧。」

等了一會兒，非但外面三隻沒進去，反倒是走出來三隻。男孩後悔極了，對自己說，只要再有一隻走進去就拉繩子。

豈料，接著竟又有兩隻走了出來，但男孩對失去的好運頗不甘心，心想，總該有些要回去吧。

終於，連最後那一隻也走出來了。

這便是因為貪心而失去更多典型的例子。

男孩雖然連一隻野雞也沒能捕到，卻捕捉到了一個受益終生的道理：「人的慾望是無法滿足的，而機會卻稍縱即逝。貪慾不僅讓人難以得到更多，甚至連原本可以得到的也將失去。」

不要忘了把握良機，當機立斷，看準了就下手，否則被人捷足先登也就算了，如果還造成了自己的虧損，豈不真的成了「偷雞不著蝕把米」？

當然，人的慾望是很難得到完全的滿足的，但是人比人氣死人，既然如此又何必去跟人比較呢？

再說「比上不足，比下有餘」，換個方式去想，將可以感覺自己其實已經是非常富裕的了，這樣子日子過起來也就能更愉快些。

現代社會裡，物質生活已相當富足，但人們的心靈卻愈來

愈空虛，罹患憂鬱症等精神疾病的人也愈來愈多，主要的原因多半在於心中放不下，過度的壓力讓精神益發緊繃，也讓情緒受到影響。

但是，金錢、財富等等都是身外之物，成就功名也都不過如浮雲般虛幻，這般執著又有何用呢？何必讓貪慾這般地支配著我們呢？

改變自己的心態吧！

能捨得，能放下，我們才能重拾快樂。

5. 心態決定你的未來

對於每日應做的工作，

若能花費心思深入瞭解，

仔細覺察其中奧妙，

說不定能因此產生興趣，

往前邁進一大步。

運用機智，不動氣也能達到目的

怒氣恣意發作，炸得敵我不存，很容易，但
是能夠將怒氣轉化為智才，運用機智直接解
決問題，需要更多的修養和磨練。

關於「服務」，你的想法是什麼？是協助你完成任務？抑
或是給予你足夠的幫助？還是滿足你的需求？甚或是提供你愉
悅的享受？

對於服務業而言，服務是一項複雜且繁瑣的歷程，在這個
歷程當中不只牽扯到不少人事物，更關係到所有有形與無形的
環境及種種互動，還會關聯到服務者與被服務者的心理層面問
題。

一個良好的服務，能令客戶感受到貼心、便利、物超所值，
一個良好的評價，更是會帶來源源不絕的商機。

可是，不管服務單位如何自我期許，客訴埋怨卻不會完全
消失，不管再精密的計劃，都有可能發生臨時事件造成服務不
周，這種時候客服單位的存在便顯得分外重要。一位訓練精良
的客服人員，不只能成功壓抑顧客的怒氣，甚至能進一步瓦解
顧客的不滿，創造新的商機。

一個人在不滿的時候，口不擇言的情況是屢見不鮮的，客

服人員最大的壓力就是他們必須為不是自己造成的錯誤接受客
戶的罵言，不只要罵不還口，還得小心地賠不是，更要為顧客
解決問題。

可是，客服人員也是人，他們也有他們的情緒，當你有埋
怨想投訴的時候，痛罵他們不一定能夠為自己換來公道，如果
攻擊的言詞過於猛烈，可能反而會造成客服人員的不滿，對你
的問題敷衍了事、置之不理，試問，最後吃虧的，到底是誰？

有一家報社編輯剛剛搬到新家，結果卻發現電話仍沒裝機，
向客服人員反應之後，卻得到「目前業務繁忙，須等候三個月
之後才能裝機」的消息。

他也不罵也不吼，僅僅掛上電話，再撥了一通電話給電信
公司的總經理。他說：「您好，有一個新聞我想先向您知會一
下，您的工作人員告訴我，要三個月之後才能幫我安裝電話。
我想向您道個謝，因為貴公司的員工真的提供我一個很好的寫
作題材。」

第二天下午，他家的電話順利裝機完成。

劇作家喬治·費多在餐廳點了龍蝦大餐，結果不但上菜緩
慢，而且上來的龍蝦竟少了好幾隻鬚腳，看起來零零落落的。

他立刻把服務生叫了過來，詢問這盤龍蝦到底發生了什麼
事。服務生鎮定地解釋，該餐廳的龍蝦絕對新鮮，而且現撈現
煮，只不過養在池裡的龍蝦有時候會打來打去、相互鬥咬，被
打敗的就難免殘肢少腿。

費多廢話不多說，聽完了服務生的辯解，態度嚴肅地吩咐：

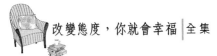
「那好，請把這隻拿走，把鬥贏的那隻送來。」

有些人在面對不滿意的服務時，能夠以幽默的方式來應對，不用動氣也可以輕鬆達到目的。

故事中的兩位主角，面對差勁的服務，心中自然有所不滿，但是他們卻能忍耐怒氣，以平心氣和的態度面對問題，處理問題。

生氣，很容易；怒氣恣意發作，炸得敵我不存，也很容易，但是能夠將怒氣轉化爲智才，運用幽默機智直接解決問題，需要更多的修養和磨練。

如果怒氣可以爲你解決問題，那麼老虎不發威，就有被當成病貓的可能，你大可發一次飆，把問題徹底解決；但是，如果生氣沒有任何助益，就請省點力氣，把心思拿來想想解決辦法，可能乾脆一點。

當你面對服務不周的情況時，先別急著生氣，試著從服務人員的立場思索可能的解決辦法，然後因時制宜、對症下藥，如此，不會讓你的怒氣影響享受服務的氣氛，也能夠成功獲得你所要的服務，豈不一舉兩得？

問題很困難，答案很簡單

有時，複雜的不是問題本身，而是看問題的
眼睛。解決問題的重點就在於你如何看待問
題。

天下無難事，只要不去劃地自限，預設立場，更不要把問
題複雜化，任何問題只要抓住了癥結，就能迎刃而解。

人類是懂得思考的動物，思考帶來了社會文明與科技的進
步，但是很多人卻因為思考得太多，偏離了問題的焦點，而在
枝微末節裡掙脫不開，陷入了鑽牛角尖的迷障之中。

這種現象，特別容易發生在學識高超、歷練豐富的人身上，
他們知道得太多，所以也想得太多，忘記了事情的基本原理，
把單純的問題複雜化了。

英國一家報社曾經舉辦一次高額獎金的有獎徵答活動。

這家報社所出的題目是：在一個充氣不足的熱氣球上，載
著三位關係人類興亡的科學家，眼看熱氣球即將墜毀，必須丟
出一個人以減輕載重，到底應該犧牲哪個人？

三個人之中，一位是環保專家，他的研究可拯救無數因環

境污染而身陷死亡厄運的生命。一位是核子專家，他有能力防止全球爆發突發性的核子戰爭，使地球免遭毀滅。另一位是糧食專家，他能夠使不毛之地植生穀物，讓數以億計的人們脫離飢餓。

因為獎金豐厚，寄來應答的信件當然如雪片一般。然而，最後鉅額獎金的得主卻是一個小男孩。

小男孩的答案是：把最胖的那個科學家丟出去。

有時，複雜的不是問題本身，而是看問題的眼睛。

一件事情的變項多，結局的變數當然也大，所以一般的人都會一項一項去檢驗，然而企圖要想得越周全，事情處理得就越不周全。

故事中的這三個人都很重要，但是三個人也都危在旦夕，如果三個人都活不下來，就算他們再優秀，也沒辦法為人類存亡貢獻心力。

所以，還不如像小男孩說的，把最胖的那一個丟出去，那麼至少還有兩個人可以造福人類。

遭遇到難題的時候，不要一下子就放棄希望，如果自己知曉的十八般武藝全耍上一遍，結果還是不能奏效，那麼不妨從基礎篇開始。

從最根本的源頭查起，說不定反而能夠找到問題的癥結所在，再予以對症下藥，問題就能迎刃而解了。

沒錯，解決問題的重點就在於你如何看待問題。

真正的財富是品味生活

許多的東西是無法用金錢衡量的，看到物質
的表面時，或許稍稍用一點心，就能發現其
中的奧妙及那瞬間的感動。

伊比鳩魯曾經寫道：「我們如何過生活，比我們過什麼生
活更重要。」

我們對於財富的定義，常常侷限在有形的財物，因而在追
求外在財富的過程之中，往往忘了生命裡頭，其實還有許多金
錢和物質以外的事物，值得我們用心細細品味。

一個歐洲觀光團來到非洲一個叫亞米亞尼的原始部落。部
落裡有位老者，穿著白袍盤著雙腿，安靜地在一棵菩提樹下做
草編。

草編做得非常精緻，吸引了一位法國商人的目光。他想，
要是將這些草編運到法國，巴黎的女人戴著這種小圓帽，提著
這種草編的花籃，將是多麼時尚、多麼風情啊！

想到這裡，商人興奮地問：「這些草編一件多少錢？」

「十比索。」老人回答。

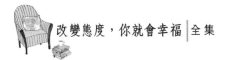

「天哪！這會讓我發大財的，」商忍不住欣喜若狂，「假如我買十萬頂草帽和十萬個草籃，那你打算每一件優惠多少錢？」

「那樣的話，就得要二十比索一件。」

「什麼？」商人簡直不敢相信自己的耳朵！他幾乎大喊著問老者說：「爲什麼？」

「爲什麼？」老者也生氣了，「做十萬件一模一樣的草帽，和十萬個一模一樣的草籃，會讓我乏味死的。」

商人或許還是不能理解，除了財富之外，還有許多東西值得追求。或許，那位看似荒誕的亞米亞尼老者，才算是真正參悟了人生真諦的人。

他在做草編時，是在享受製造新事物的感動，所以編織一個個美麗又與衆不同的草帽或草籃，滿足的是自己的創作慾。

但如果要他做出十萬個相同的草帽或草籃，就要不停的重複相同的動作，過程中的感動就會消失，樂趣也將不再存在。這無疑是一大損失，當然要多花兩倍錢才行。

許多的東西是無法用金錢衡量的，看到物質的表面時，或許稍稍多用一點心，就能發現其中的奧妙及那瞬間的感動。

抱貴人大腿，斷小人後路

要贏棋不但要搭橋，還要防著別人拆橋，關
鍵時刻還要學會拆別人的橋，這才能走得比
別人快！

職場上，每個人都想官運亨通、青雲直上，也總有些人顯
得特別厲害，往上爬的速度比別人快上許多。

他們不見得工作能力特別優秀，但是他們的做法卻比別人
有效。

湯姆的人緣很好，能力也不錯，卻總是升遷不順，幾個和
他同時進公司的同事都當了重要幹部，他卻一直原地踏步。

他自己也常常感到納悶：「有人跟主管關係不好，所以才
一直不升反貶，我跟主管的關係倒是不錯，怎麼也不見起什麼
作用呢？」

一個星期天，他正煩著，見兒子和同學下跳棋，就湊過去
解悶。兒子總是輸，於是他幫兒子出主意：「你不會給自己多
搭幾座橋嗎？」搭橋是下跳棋的技巧，每搭一座橋，可以連跳
好幾步，可說是事半功倍。

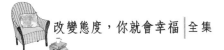

看見棋局大有起色，湯姆不禁得意洋洋，趁勢教導兒子說：「其實，生活就跟下棋一個道理，學會替自己多搭幾座橋，多尋求一些幫助和捷徑，路才會好走。」兒子聽了連連點頭。

但兒子的同學卻笑而不語，不過移動了兩個棋子兒，就把兒子剛設好的棋路給堵死了。於是，棋局又一次急轉直下，兒子又輸了。

兒子的同學得意地說：「看到了吧！這就叫拆橋！橋搭得再好，碰上一個專門拆橋的，你就輸定了。所以，要贏棋不但要會搭橋，還要防著別人拆橋，關鍵時刻還要學會拆別人的橋，這才能走得比別人快呀！」

湯姆怔了一怔，終於恍然大悟。半年後，湯姆的升遷之途一路暢通，勢如破竹，無人能阻。

職場上貴人隨處都有，小人更是到處都是，如何在其中優游生存，可得備上幾把刷子才行。

就像故事中所說，要懂得架橋舖路，走起來才順，但這種方法你會，別人就不會嗎？所以，不但要先嚴防敵人拆橋，更要先發制人地拆掉對方的橋，才能把阻礙消除，加速自己前進的速度。

想讓際遇有所改變，不但要眼明手快地抱住貴人大腿，更要當機立斷地斷小人後路，路程才會比別人順遂。

當然，既然不顧情面地拆別人的橋，日後遭受報復自是在所難免，要怎麼穩固自己的橋面，使自己立於不敗之地，就得好好下一番功夫了。

換個角度，就能遇見蘋果裡的星星

一個突發奇想的創意，一個偶然的靈光乍
現，說不定就能夠改變歷史，即使不能，至
少也能豐富心靈的感動。

很多時候，我們會依循著流傳下來的道理，眾人認同的觀
念。這種行為模式，或許不至於出現什麼大差錯，但偶爾卻可
能因而錯失了許多激發創意的好機會。

一天，五歲大的兒子從幼稚園回來，向父親報告幼稚園中
的有趣的事物。只見他面露神秘的微笑，偷偷告訴父親，他有
一個重大發現。

「什麼發現？」父親漫不經心地問。

「蘋果裡藏著一顆小星星。」

父親瞪大了眼睛：「怎麼會呢？」

兒子說：「不信你切蘋果就知道了。」

父親拿出蘋果和刀子，刷的一聲，切開了蘋果，問道：「星
星在哪？」

兒子急得叫：「唉呀！你切錯了啦！這樣才對。」

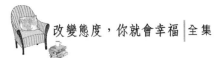
　　兒子又拿出一個蘋果，打橫著放，要父親切開，父親狐疑地就著蘋果橫向攔腰切了下去。兒子把切開的蘋果放在父親面前：「爸爸，看，多漂亮的星星，送給你。」

　　父親呆了一呆，自己不知吃過了多少個蘋果，每一次都是「祖傳」的切法，從來都沒有想到另一種切法，當然也從沒有見到蘋果中美麗的星星。

　　我們常常會被傳統的教育影響，對許多事物都存著既定的印象，相信只有某些做法才是唯一而且正確的。

　　但是，有時候一件事要是能夠從另一個角度去看、去觀察，即使有一樣的結果，卻可以得到不一樣的感受，這未嘗不是一件好事。

　　一個突發奇想的創意，一個偶然的靈光乍現，說不定就能夠改變歷史，即使不能，至少也能豐富心靈的感動。一個天馬行空的想法，說不定反而讓你體會出生命的驚奇。不論是創作的題材、工作的妙方，抑或是生活上的好點子，都是活絡思想的助燃劑，足以激盪出一個不同的世界。

　　不要再讓自己僵化下去了，維護傳統或許是一件有意義的事，但如何從傳統之中發掘新意，則更有價值。如果冥頑不靈地任自己被舊有的模式束縛住，就會錯過許多生命中的美麗星星。

心態決定你的未來

> 對於每日應做的工作，若能花費心思深入瞭
> 解，仔細覺察其中奧妙，說不定能因此產生
> 興趣，往前邁進一大步。

工作可以是工作，可以養家活口，可以飽暖度日，可以打發時間。

但是，工作也可以不只是工作，可以培養興趣，可以贏取榮譽，也可以追求一生的夢想。

心態決定著一切，當然也決定著自己的未來。

有三名工人一同在砌一堵牆。有人走過來問：「你們在幹什麼？」

第一個人沒好氣地說：「你沒看見嗎？砌牆。」

第二個人抬頭笑了笑，說：「我們在蓋一幢高樓。」

第三個人邊幹活邊哼著歌曲，他的笑容很燦爛很開心：「我們正在建設一個新城市。」

十年後，第一個人在另一個工地上砌牆；第二個人坐在辦公室中畫設計圖，成了工程師；第三個人呢，是前兩個人的老

闊。

第一個人對於自己從事的工作，是一種看不起的態度，連他自己都以鄙夷的眼光來看待自己，如何能贏得別人的尊重呢？

或許，他只是為了生活而不得不做這份工作，但是，他不曾投入其他的心力，注定了這份工作不會有其他的發展。

如果，這份工作出現了更大的挑戰，相信也不可能交由他來負責，因為他唯一會做的，僅僅限於砌牆。

第二個人和第三個人對自己的工作則有極大的期許和認同，也因為如此，他們願意在工作之中尋找樂趣，尋找興趣、尋找可能的機會，也才有可能獲得不一樣的發展，不會始終在原地踏步。

我們會擁有什麼樣的未來，其實完全在於我們用什麼心態面對現在；想要改變自己的未來，首先必須改變自己的心態。

每一個領域都有著不同發展的可能性，有些機會和發展或許在現在看來仍是隱晦不明，但是在有心人的努力之下，終究會漸漸崢嶸乍現，進而成為領導世界的先趨。

對於每日應做的工作，若能花費心思深入瞭解，仔細覺察其中奧妙的部分，說不定能因此產生興趣，在知識累積的過程中，強化自己的能力與自信，更有信心面對一切危難與挑戰，也更有機會往前邁進一大步，成功的目標也就一步一步地靠近了。

王牌最好留著慢點出

以美麗的假象欺騙別人，終究會被人撕破面
具，但是以實力層層包裝，則會讓人覺得貨
真價實，願意賦予信任。

面對不如意的際遇，應該試著改變應對態度，適時放下心
中那些纏繞自己的偏見與成見，讓自己的身段更加柔軟。

這時候，最忌諱賭氣和自暴自棄，讓負面情緒主宰自己。

生活是一場賭注，手上的籌碼越多，獲勝的機率越大；當
然，如果操作錯誤，也很有可能落得全盤皆輸的下場。重點在
於，要保留自己手上的王牌，等時機到了再出，才能穩操勝券。

不要再讓眼前的不如意困住自己，只要你肯增加自己的實
力，自然會取得大展身手的契機。

有一位留美的電腦博士，畢業後在美國找工作，結果竟接
連碰壁，許多家公司都將這位博士拒之門外。

為什麼這樣高的學歷，這樣吃香的行業，卻找不到一份工
作呢？他始終想不透。

萬般無奈之下，他決定換一種方法試試。他收起了所有的

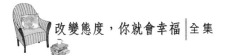
學位證明，以最低身分再去求職。

很快地，他就被一家電腦公司錄用，做一名最基層的程式操作人員，即使是一份簡單的工作，他也做得兢兢業業，一絲不苟。

沒過多久，上司就發現了他的出眾才華，因為他居然能一眼看出程式中的錯誤，這絕非一般操作人員所能做得到的。

在上司的詢問下，他亮出了自己的學士證書，很快地，他就被調換到一個與大學畢業生相對等的工作單位。

過了一段時間，老闆又發現他不但在新的崗位上游刃有餘，而且還能提出不少有價值的建議，這比一般大學生高明，這時他才亮出自己的碩士學歷，老闆又提升了他。

有了前兩次的經驗，老闆也比較注意觀察他，發現他還是比碩士水準高出許多，對專業知識的廣度與深度都非常人可比。

這時，他拿出博士學位證明，老闆才恍然大悟，立刻毫不猶豫地重用了他，因為老闆已對他的學識、能力及敬業精神有了全面了解。

現在的世代，經歷重於學歷，因為太多能力與學力不相當的人濫竽充數了，使得一般的企業越來越少只看文憑就任用的狀況，而是要經過重重的測驗與觀察，才能適才重用。

一般來說，應屆畢業生最為人詬病的就是沒有足夠的實務經驗，只有滿腔的理論，說起話來頭頭是道，但實際遇上問題，卻不見得能馬上著手妥善處理。可能基於這種疑慮，所以這名博士遍尋不著工作機會。

　　難能可貴的是，他願意從基層做起，在自己的工作崗位上
盡心盡力，以工作表現來代替學歷。

　　由於他本身的專業知識足夠，了解事物的原理以及可能發
生的問題，所以做起事來比別人事半功倍，更可以看出一般同
職者所不了解的地方，當然顯得突出且引人注目。

　　當他亮出自己的王牌時，別人已經對他的實力有所肯定，
自然也不會懷疑他的學歷是否是草包證書，這時候王牌才發揮
了真正的加分效用。

　　以美麗的假象欺騙別人，終究會被人撕破面具，但是以實
力層層包裝，則會讓人覺得貨真價實，願意賦予信任。

開口請人幫忙，便能見到曙光

一個人的力量當然是有限的，遇到自己實在無法解決的事情，別忘了要發出求救訊號，或許事情就有機會迎刃而解。

不管是什麼樣的人，做事的時候，都會有力不從心的感覺，明明自己已經用了所有的力量，卻始終無法將事情辦好，難免會感到無比灰心。這時候，不妨開口找人幫忙。

不要不好意思，就是因為自己的力量不足，才需要別人助上一臂之力。

星期六上午，一個小男孩在沙坑裡玩耍。沙坑裡有他的玩具小汽車、敞篷貨車、塑膠水桶和一把閃亮的塑膠鏟子。

他在鬆軟的沙堆上修築公路和隧道時，發現沙坑中間埋著一塊巨大的岩石。小男孩挖掘著岩石周圍的沙子，企圖把它從泥沙中挖出來。他手腳並用，似乎沒有費太大的力氣，岩石便被他連推帶滾地搬到沙坑邊緣。

不過，這時他才發現，他根本無法把岩石翻過沙坑邊牆。小男孩下定決心，手推、肩擠、左搖右晃，一次又一次地向岩

石發起攻擊，可是，每當他剛剛有了一些進展的時候，岩石便
滑落，重新掉進沙坑裡。

小男孩氣得直叫，使出吃奶的力氣猛推猛擠。但是，岩石
不斷地滾落回來，還砸傷了他的手指。

最後，他不禁傷心地哭了起來。

這整個過程，男孩的父親從起居室的窗戶裡看得一清二楚。

當淚珠滾邊孩子的臉龐時，父親來到了他的跟前。父親的
話溫和而堅定：「兒子，你為什麼不用上所有的力量呢？」

垂頭喪氣的小男孩抽泣道：「但是我已經用盡全力了，爸
爸，我已經盡力了！我用盡了我所有的力量！」

「不對，兒子，」父親親切地糾正道：「你並沒有用盡你
所有的力量，你沒有請求我的幫助。」

父親彎下腰，抱起岩石，將岩石搬出了沙坑。

一個人的力量當然是有限的，所以遇到自己實在無法解決
的事情的時候，別忘了要發出求救訊號，搜尋所有幫得上自己
的人、事、物，或許事情就有機會迎刃而解。

小男孩覺得自己已經想盡了所有的辦法，用盡了所有的力
氣，卻仍移不走沙坑裡的大石，因而心灰意冷、傷心落淚，悲
傷自己沒有辦法成功。

然而，他卻忘了，在他有力氣哭泣的時候，其實還有力氣
可以呼救，還可以請求幫忙，請求能力、力氣比他大的人伸出
援手。

許多人常常為了自尊，為了怕麻煩別人，所以不敢開口相

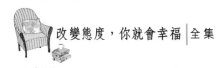
求，因為擔心受到拒絕，最後只好獨自暗吞失敗的痛苦，在沮喪無助的深水中，獨自忍受將要溺斃的痛苦。

其實，只要你伸出手，總會有人有能力出手拉你一把，救你脫出險境；如果你只是雙手抱胸，像刺蝟般蜷曲著身體，讓別人無門可入，當然不可能得到任何的援助。

當然，別忘了，自己也可以是別人的救生圈，千萬不要吝於幫助別人，讓這個循環圓滿的繼續下去。

面對自己的優勢，更得提防

> 謹慎和小心，或許會拖慢了你的進度，但是
> 也減少了你回頭和摔跤的次數，整體合計下
> 來，其實不見得吃虧。

有位哲人說：「你自認為最強的地方，其實正是你最弱的
地方。」

怎麼說呢？因為你知道自己的弱點、罩門在哪兒，所以會
處處小心，全力保護，嚴密的防守，以免給對手可趁之機。然
而對於自己的長處，你不免會自恃自傲，因而鬆懈了警戒，反
而容易被攻破。

三個旅行者同時住進一家旅店。早上出門時，一個旅行者
帶了一把傘，一個拿了一根拐杖，第三個則兩手空空。

晚上歸來時，拿雨傘的人淋濕了衣服，拿拐杖的人跌得滿
身泥巴，而空手的人卻什麼事都沒有。前兩人都很奇怪，問第
三人這是為什麼。第三個旅行者不急著回答，反而問拿傘的人：
「你為什麼反而淋濕卻沒有摔跤呢？」

「下雨的時候，我很高興自己有先見之明，撐開傘大膽地

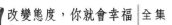
在雨中走，沒想到衣服還是濕了不少。遇上了泥濘難行的地方，因為沒有拐杖，走起來小心翼翼，所以就沒有摔跤。」

再問拿拐杖的人，他回答說：「下雨的時候，由於沒有傘，我就挑能躲雨的地方走或停下來休息。遇上了泥濘難行的地方，我就用拐杖拄著走，結果卻反而摔了跤。」

空手的旅行者聽了哈哈大笑，說：「下雨時我挑能躲雨的地方走，路不好時我細心走，所以我沒有淋著也沒有摔著，你們有憑藉的優勢，就不夠仔細小心，以為有優勢就沒問題，所以反而有傘的淋濕了，有拐杖的摔了跤。」

佔到了優勢，當然算是成功了一半，至少比起別人多了幾分機會，但是，如果因此驕傲而失了防心，不就如龜兔賽跑中的兔子一般，仗勢著自己跑得快，就想先半途休息一下，結果反而讓烏龜得了先機。

謹慎和小心，或許會拖慢了你的進度，但是也減少了你回頭和摔跤的次數，整體合計下來，其實不見得吃虧，說不定按部就班，反而勝過一跳三丈遠，所謂欲速則不達，就是這個道理。

當你擁有別人沒有的才能，佔盡優勢之時，更要小心翼翼、步步為營，才是致勝的不二法門。

6.

懂得感恩，
做事才會認真

能夠對每一粒米都懷著感恩的心的人，

面對任何的人事物一定都能用相當的誠心去處理，

進而對所有的事物負責。

猶豫不決，只會錯失機會

> 愛情需要等待，但是等待之時不可以默不出
> 聲，你沒有積極的表現，沒有人會懂得你的
> 情意。

愛情往往是源自於傾慕對方的外表或心靈之美，但是，不管是哪種形式的愛，仰慕對方的話語都要適時適度地勇敢說出來。如果你的愛意一直停留在心裡，那麼，等到示愛的機會逝去，這段說不出口的愛，就會成為生命中的遺憾。

把話藏在心裡是很辛苦的，當你想說又不敢說的時候，不僅憋壞了自己，更急壞了等著你說出真心話的人！

一個下雨的週末，漢姆獨自前去看電影。他走到影院隔壁的糖果櫃台前，那裡站著一個觸動他心弦的女孩。為了吸引她的注意，漢姆朝著她微笑，原本想說句俏皮話的他，最後只說了一句：「我要買些糖。」

從此，漢姆每天都沉陷在夢境般的世界裡，腦海充斥著擁有亞麻色頭髮和小酒窩的美人兒。

又是一個週末，電影準時開演了，不過漢姆並沒有心思看，

因爲他又出現在小商店的門口，在轉角那兒躊躇了好久，很想
對她說些話，卻不知該說些什麼。

最後，他終於還是鼓起了勇氣，筆直地朝她走去，很努力
地模仿演員們露出帥氣的微笑，接著把錢放在櫃台上說：「隨
便什麼都好。」

女孩笑了笑，便把糖放進紙袋遞給了漢姆。有點怪裡怪氣
的漢姆離開前，又學起電影中的人物那樣，裝作若無其事地說：
「下次見！」

第三個週末，漢姆又來到櫃台前，沒等他開口，女孩就對
漢姆說：「你好！」漢姆發現女孩主動打招呼了，居然緊張得
結巴口吃：「看……看電影前，我……想買糖果。」

看她把糖放進紙袋，漢姆忍不住發呆了，直至女孩被其他
的客人叫喚進去，他才驚覺自己的失態。

就這樣，他們見了三次面，情愫也在不知不覺中成長了。

今天，漢姆又出現在糖果店門口。

「你好。」女孩看見他，立即親切地招呼著。

在那時，漢姆很想跟她說：「妳能給我一張照片嗎？」

不過，他嘴上仍然只說：「我想買糖果！」

漢姆走進了電影院，卻一點觀賞影片的心思也沒有，一直
在思索：「等會兒要怎麼開口呢？」

電影一散場，漢姆直奔糖果櫃台，但是，女孩已經不在了，
換班的女孩說：「她回家了。」

幾個月之後，漢姆坐地鐵進城，女孩突然出現在車廂裡，
並在他身邊坐下，笑著問：「你好嗎？好久不見。」

漢姆點了點頭，很開心地與她聊天，他們就這樣肩並肩地

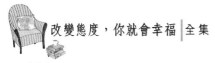

坐到了終點站。

當車門打開時，女孩問：「你還會到小商店嗎？」

漢姆也不知道在想什麼，居然回答：「不會。」

女孩有點落寞地說：「嗯！我也不會到那裡工作了。」

漢姆一聽，心猛烈地跳著，很想問她以後要在哪裡工作，但是，就在猶豫的時候，他被夾在人群中下了車，連回頭目送的時間都沒有，而這一次相聚竟是他與女孩最後一次的見面。

英國詩人托·卡萊爾曾經寫道：「不敢追求改變的人，很快就會消沉，不敢追求改變的人生，是十分乏味的。」

只有改變心境才能改變自己的人生，只有改變現在才能改變未來；天底下絕對沒有不敢追求改變而能獲得成功的人，所有的「成功」都是從勇敢地改變自己的心境開始。

人生如此，愛情也是如此。

邂逅時滋生的情愫，向來都是靦腆、單純的，兩顆不確定的心按捺著，就像漢姆與女孩一樣。但是，如果你也像漢姆一樣，不敢大膽地找出確定的答案，那麼再好的機會也會一再地錯過了。

愛情需要等待，但是等待之時不可以默不出聲，你沒有積極的表現，沒有人會懂得你的情意，你沒有主動地問：「你喜歡我嗎？」對方是不會知道，原來你是喜歡他的。

思索生命所需要的是什麼

 財富只需要剛好就夠了，在支用上不顯拮据
其實也就是夠了。淡泊一點的人生態度，可
以幫助我們看清我們真正所需是什麼。

人生在世，超過一半以上的失敗和煩惱，其實都來自於我
們汲汲營營的錯誤心態，因此才會讓自己貪求無饜。

人會擁有什麼樣的未來，其實完全在於自己用什麼心態去
面對現在；想要改變自己的未來，首先必須改變自己的心態。

貪慾確實是人類的本性，但也因為我們有慾望，所以才有
追求夢想的動力，只是，當我們過度追求，而不知節制的時候，
身體就會自動發出警訊，以最嚴厲的方式警告我們。

利奧‧羅斯頓是美國最胖的好萊塢影星，腰圍六‧二英呎，
體重三百八十五磅。一九三六年在英國演出時，因心肌梗塞被
送進湯普森急救中心。

搶救人員用了最好的藥物，動用了最先進的設備，仍沒能
挽回他的生命。臨終前，羅斯頓曾絕望地喃喃自語：「你的身
軀很龐大，但你的生命需要的僅僅是一顆心臟！」

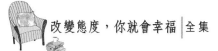

　　羅斯頓臨終前的這句話，深深觸動了在場的哈登院長，為了表達對羅斯頓的敬意，同時也為了提醒體重超常的人，於是命人把羅斯頓的遺言刻在了醫院的大樓上。

　　一九八三年，一位叫默爾的美國人也因心肌梗塞住了院。他是位石油大亨，由於兩伊戰爭使他在美洲的十家公司陷入危機，為了擺脫困境，他須不停地往來於歐亞美之間，最後終於舊病復發，不得不住進醫院。

　　他在湯普森醫院包了一層樓，增設了五部電話和兩部傳真機，即使到了手術前，仍忙碌地工作。當時的《泰晤士報》是這樣嘲諷的：「湯普森醫院是美洲的石油中心。」

　　默爾的心臟手術很成功，他在這兒住了五個月就出院了，不過出人意料的是，他並沒有回美國。

　　原來，他在蘇格蘭鄉下有一棟別墅，是十年前買下的，他出院後就在那兒住了下來，將自己岌岌可危的事業結束，安心地在鄉下休養。

　　一九八八年，湯普森醫院舉行百年慶典，邀請默爾參加，記者不禁好奇地問他為什麼要賣掉自己的公司，他只指了指醫院大樓上的那一行金字，說道：「利奧·羅斯頓。」

　　不知道是不是因為記者不理解了他的意思，總之，在當時的媒體上沒找到與此有關的報導，後來在默爾的一本傳記中，有人發現了這麼一句頗具哲理的話：「富裕和肥胖沒什麼兩樣，也不過是獲得超過自己需要的東西罷了。」

　　也許，這就是答案。

失去了健康，人生可說失去了一半的希望，因為當身體不
聽使喚的時候，生理的病痛與心中的挫折、沮喪，將改變所有
一切。

我們經常將工作和成就等等，視為生命最重要的全部，往
往忘了健康也應該在其中占有一席之地。於是，過度的勞累，
讓身體不堪負荷，許多因為工作所引發的職業病層出不窮。

有越來越多比例的工作人口，被發現承受過多的精神壓力，
而嚴重影響到健康，甚至威脅生命。

報紙上曾有過這麼一則報導，一位年輕有為的青年，為了
準備結婚，所以提前在一個月內完成兩個月的工作分量，以挪
出一段長假，但是卻在舉行婚禮的前幾天，被人發現過勞死在
家中。

這是一則多麼令人傷痛的例子，我們為什麼要讓這樣的事
情不斷發生，總是要等到身體已經出現症候了，才肯休息，才
肯到醫院診療？只能搶救生命最後的時間？

默爾看破了這個人生的迷障，所以他選擇急流勇退。

財富只需要剛好就夠了，在支用上不顯拮据其實也就是夠
了。淡泊一點的人生態度，可以幫助我們看清我們真正所需是
什麼。

所以，為了自己重視的人、事、物，學著多愛自己一點吧！

懂得感恩，做事才會認真

能夠對每一粒米都懷著感恩的心的人，面對任何的人事物一定都能用相當的誠心去處理，進而對所有的事物負責。

成功學大師卡耐基曾經說過：「人在身處困境時，適應環境的能力，通常比在順境時更為驚人。」

的確，只要是人，都具備忍受不幸、戰勝困境的能力，重點就在於懂不懂得適時改變心境，將這股只有在困境時才能顯現出來的驚人潛力發揮出來，以便幫助自己走出困境。

一個人受過苦，便知道珍惜；一個在貧寒中長大的人，不會不知道勤儉的重要；一個自小就知道努力做事的人，不會不對自己和他人負責……

貧窮並不可怕，可怕的是人在貧窮中什麼也學不到，而且失去了身為一個人應有的自尊。

一個青年來到城市打工，不久因為工作勤奮而不斷晉升，最後被拔擢為分公司的主管。

擔任主管之後，他依然做得有聲有色，將公司管理得井井

有條，業績直線上升。

　　某次，一名外商特地前來與他洽談合作項目，當會議結束後，他禮貌性地邀請外商共進晚餐。

　　晚餐很簡單，但幾個盤子都吃得乾乾淨淨，只剩下兩個小籠包子。他對服務小姐說：「請把這兩個包子打包。」

　　外商見狀，當場站起來表示明天就與他簽訂合約。

　　第二天簽約後，老闆設宴款待外商。

　　席間，這位年輕主管與外商聊起自己的際遇，他說家裡很窮，父母不識字，但對他的教育卻是從一粒米、一根線開始的。父親去世後，母親辛辛苦苦地供他上學，並且一再告訴他說：「我不指望你高人一等，你能做好你自己的事就好……」

　　在一旁的老闆聽了，眼裡不禁滲出閃亮的液體，端起酒杯激動地說：「我提議敬她老人家一杯，敬你受過人生最好的教育！」

　　目前社會上充斥著享受富裕生活而不知珍惜周遭人事物的人，雖然他們看起來很成材，但是在某些事物上卻令人有種不負責任的感覺。

　　能夠對每一粒米都懷著感恩的心的人，面對任何的人事物一定都能用相當的誠心去處理，進而對所有的事物負責。這樣的人在處理工作事務上付出的認真，更是會令所有人感到佩服；也正因如此，這樣的人才會是所有企業者所希望網羅的，也是真正令人佩服的成功者。

　　貧窮的家世，或許不能讓人享受富裕的物質生活，甚至可

能在很小的時候就必須參與勞動的工作，但是，這些艱苦的成長歷程並不影響一個人存在的價值，反而因為有了生活的歷練，不會華而不實、光說不練，只會蓋了一座又一座的空中樓閣。

這名青年，在父母的教育下，學會了惜福，學會了勤儉，學會了努力，學會了負責任。於是，在他還不過是個青年的時候，就已經開始慢慢地體會到生命的豐收，開始回收幸福。

發自內心的善良和體貼

很多的小處都可以洩露自己的秘密，別人很
容易就可以觀察出你的處事態度。所以，如
果打算改變別人對自己的看法，就要從根本
做起。

一個在愛中長大的人，他最好的回報也是愛。

當愛促使一個人去完成一件困難的事，這便足以證明愛的
力量！

在與自己無關的小事情上，也能體現出對別人體貼和關心
的人，那麼，他所受到的愛的教育無疑是成功的。

一個女孩相貌平平，家境普通，成績也很一般。她得知媽
媽患了不治之症的惡耗後，為了減輕家裡的負擔，於是打算利
用放暑假的這兩個月時間，出去賺錢貼補家用。

她來了到一家公司應聘，經理很快看了她的履歷，隨即沒
有表情地拒絕了。女孩並不憤怒，只是默默收拾自己的物品，
用手掌撐了一下椅子打算站起來告辭。突然，她覺得手被扎了
一下，看了看手掌，上面沁出了一顆紅紅的小血珠，原來椅子
上有一根釘子露出了頭。

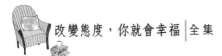

她所做的第一件事，並不是慌亂地要人為自己包紮傷口，而是見桌子上有一塊石鎮尺，便拿來將釘子敲平，然後才轉身離去。幾分鐘後，經理卻派人將她追了回來，告訴她，她被聘用了。

一般人對於對自己沒有很大的利益的事，往往不會去替別人在乎，但女孩卻沒有置之不理，反而在小小的敲釘子的舉動中，流露出的性格與發自內心的慈悲。

當一個人能無私地對待每一個人、每一件事時，那也一定可以周全地面對每一項挑戰。

很多的生活細節都可以洩漏自己的秘密，別人很容易就可以觀察出你的處事態度。所以，如果打算改變別人對自己的看法，就要從根本做起，因為只要有一點點馬腳露出，就騙不了人的。

故事中的女孩雖然不發一言，卻清楚地呈現她體貼別人和為人設想的態度，於是公司的經理願意相信一個這麼重視小處的人，在工作上一定可以加倍認真，於是他給了她一個機會。

這可以說是幸運，但無疑是女孩珍惜生命的態度，所得到的回報。

讓孩子走出自己的康莊大道

給孩子充分的陪伴與支持，就不須過分催促
與逼迫，他們就能走出自己的康莊大道。

佛洛伊德的人格發展理論，其中特別強調母親的撫育對子
女發展的影響，特別是在幼年時代，孩子的生活經驗對成長後
的人格發展非常重要。

由此，我們可以看出母親的角色及管教的方式對人一生的
影響力。

與其要培育一名多才多藝的天才，倒不如教養一個品德高
尚的凡人；鼓勵孩子積極進取、主動學習，勝過為他報名各項
才藝補習班，因為如果孩子自身沒有意願學習，就不可能有任
何收穫。

泰國前總理川立派八十六歲的老母親川梅，是一個擺食品
攤的小販。

她閒不住，雖然八十幾歲高齡了，還在曼谷的一家市場內
擺攤賣蝦仁豆腐、豆餅、麵餅。

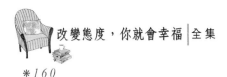
　　她常常對人說：「兒子當了總理，那是兒子有出息，與我擺攤並沒有什麼矛盾。我不覺得這有什麼好丟臉的，我很喜歡擺攤，在這兒，能見到很多的老朋友。」

　　川梅最高興的事，就是看到兒子下班回家後狼吞虎嚥地吃著她親手做的豆腐。泰國的媒體稱讚說：「一位來自平民階層的平凡母親，教育出一名以誠實正直而受人尊敬的總理。」

　　而川梅在面對記者時卻謙遜地表示：「我其實沒有做什麼，我只不過在他小時候教導他做人必須誠實、勤勞和謙虛，我從不打罵他，但我也記不得他有哪件事讓我失望。」

　　身教重於言教，孩子在成長過程中，每天都在觀察自己的父母，並從父母親的行為態度之中，學習接觸世界的方法。

　　父母當然是孩子模仿的榜樣，自然就有了「龍生龍，鳳生鳳，老鼠的兒子會打洞」這樣的俗諺流傳開來。

　　然而，並不是說從孩子一出生，就為他做好二十年的養成計劃表，就代表成功的家庭教育。

　　我們當然希望孩子的未來能和世界接軌，也期望為他們鋪設一條易走平順的大路，但是我們不該忘了，在孩子的人生旅途上，他們是要自己去走、去摸索的。給孩子充分的陪伴與支持，不須過分催促與逼迫，他們就能走出自己的康莊大道。

誠實就是最好的謀略

誠實與欺騙都是做事的方法之一，都是智謀的
手段，但是重要的是，如果你要說謊，就必須
要連自己都騙得過，否則還是選擇誠實吧。

不同的生活態度，讓人走向不同的人生道路。絕大多數人
的成功是因為忠於自己，絕大多數人的失敗則是試圖矇騙別人
和自己。

人生的際遇，很多時候或許不是我們可以左右的，但是，
無論命運之輪如何翻滾，至少我們可以選擇忠於自己。

一個誠實的人，其實是最具有勇氣的，因為他必須敢於面
對事實和真理，當別人含含糊糊、唯唯諾諾的時候，勇敢地指
出真相。

誠實比一切謀略都好，而且它是為人處世的基本條件。

有一分工作需要招募人才，先後來了四個人應徵。招聘條
件欄中，有一項是必須具備兩年以上的工作經驗。

前三位應徵者都聲稱自己有類似的工作經驗，但在公司主
管一一詢問之下，很快顯示出自己對這一行的無知。

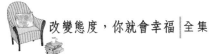

　　最後來了一位剛畢業的大學生，坦率地對公司主管說，自己並不具備這方面的工作經驗，但對這項工作很感興趣，並且有信心經過短暫的學習之後能夠勝任，公司主管最後錄用了他。

　　這個剛踏出校門的大學生曾和那個公司主管有過一段對話。

　　主管提起：「很多求職的人在介紹自己的情況時都不誠實，為什麼你能夠誠實相告呢？」

　　他回答小時候的經驗，有一次他撿到了錢，奶奶問起時，他撒了謊。奶奶朝他的屁股上重重地打了一下，然後告誡他：「窮一點都不可怕，只要你誠實，你就有救！」

　　他對主管表示，自己永遠記得奶奶說的這句話。

　　欺騙是一個手段，但我們可曾深思說謊的目的究竟是為了什麼呢？

　　這個大學生因為自己過去的經驗而不說謊，在這個故事中，正好符合了這個招聘者的喜好。

　　但是，有時候我們卻為了讓事情順利發展而不得不說謊，就如同前三位應徵者，他們說謊的目的不就是希望能夠得到這份工作嗎？

　　另外三位應徵者對於這份工作所表現出來的慾望應該更高，卻為何反而會得不到認同呢？

　　答案當然就是，他們只會說謊而已。因為，就算沒有實際的經驗，但對這分工作內容的各種相關資訊，都可以事前先深入了解，心中有譜，就不怕一問三不知，而且只要表現了相當的熱忱，絕對可以同樣獲得別人的賞識的，可是他們沒有，這

就是他們不足之處。

　　誠實與欺騙都是做事的方法之一，都是處世的手段，但是重要的是，如果你要說謊，就必須要連自己都騙得過，否則還是選擇誠實吧，至少那還為自己保留了一項可取之處。

　　我們所做的任何選擇都必須付出代價，如果你想得到預期的結果，就得相對的付出努力，至少要讓人看見你的努力，如果真的只有心想就能事成的話，那麼人們就不須這麼汲汲營營於生活了。

　　所以，給自己一個鼓勵吧！盡力去做，適度表達，便能更接近成功。

不要輕易放棄自己做得到的事

不要輕易放棄自己做得到的事，因為當我們做
得到卻停下腳步時，日後我們將為這個停步而
感到後悔，甚至也可能為這個決定付出代價。

每個人的內心原本都是澄澈柔軟的，卻在紛擾複雜的環境
中蒙塵了。

在我們生活周遭，常會發生一些需要我們伸出援手的事情，
但大部分人的心態都是：「總會有人會去付出，不差我一個」。
事實上，如果每個人都是這樣的想法，最後便沒有任何一個人
會有所行動。

有一位醫學院的教授，曾在面對學生演講時，說了這個故
事。

在暴風雨後的一個早晨，一個男人來到海邊散步，看到沙
灘的淺水窪裡，有許多被海浪捲上岸來的小魚。牠們被困在淺
水窪裡，回不了大海了，雖然大海就近在咫尺。

被困的小魚，也許有幾百條，甚至幾千條。用不了多久，
淺水窪裡的水就會被沙粒吸乾，被太陽蒸乾，這些小魚都會乾

死的。

男人繼續向前走著。他忽然看見前面有一個小男孩，走得很慢，而且不停地在每一個水窪旁彎下腰。男人發現，他正抓起水窪裡的小魚，用力將牠們扔回大海。

終於，男人忍不住走過去，對小男孩說：「孩子，這水窪裡有幾百幾千條小魚，你救不了的。」

「我知道。」小男孩頭也不抬地回答。

「哦？那你為什麼還在扔？誰在乎呢？」

「這條小魚在乎！」男孩兒一邊回答，一邊撿起一條魚扔進大海。「這條在乎，這條也在乎！還有這一條、這一條、這一條……」

這位教授說完故事後，語重心長地對台下的學生說：「今天，你們在這裡開始大學生生活。你們每一個人，都將在這裡學會如何去拯救其他生命。雖然你們救不了全世界的人，甚至救不了一個省、一個市的人，但是，你們還是可以救出一部分的人，你們可以減輕他們的痛苦。因為你們的存在，他們的生活從此有所不同，你們可以使他們的生活變得更加美好。這是你們能夠並且一定會做得到的。在這裡，我希望你們勤奮、努力地學習，永遠不要放棄！千萬要記住：這條小魚在乎！這條小魚也在乎！還有這一條、這一條、這一條……」

有時候，我們會有太多的藉口告訴自己，那是我無能為力的事情，於是只在一旁冷眼看著一切事情發生，而不給予任何的幫助。

　　這名教授要勸導的是一群即將披上白袍、站上手術台的準醫生們，因為他們或許不是神，沒有辦法拯救每一位前來求醫的人，幫助他們遠離痛苦，恢復身體健康。但是，在殘酷的現實下，如果他們先放棄了，那麼病人就一點機會也沒有了。

　　我們必須尊重每一個生命的形式，倘若我們都能心存著「這條小魚在乎」的心態，至少我們會盡力救下眼前的這條小魚，如果我們能為這個世界投入一點改變，或許世界將會因而更加溫暖。

　　不要輕易放棄自己做得到的事，因為當我們做得到卻停下腳步時，日後我們將為這個停步而感到後悔，甚至也可能為這個決定付出代價。

因材施教，營造學習的動力

> 我們所做的每一個決定，都會影響到別人，廣義地說，甚至會影響到世界。只是一個做法的調整，就改變了一個孩子的未來。

在求學的路上，很多人會因一時摸不著頭緒，於是對於課堂上的知識消化不良，長久下來，成為標準差以下的學生。

一旦發生了這樣的景況，便是一個孩子面臨人生殘酷的開始，如果沒有人及時拉他一把，將會使一個掉落無助深淵的人就此沉溺。

有一名小學生，在課堂上老師提問的時候，總是會搶著舉手，但是當老師叫到他的名字，要求他答問時，卻總是答不上來，引得全班同學大笑不已，場面尷尬至極。

有天下課後，老師把他叫來，問他為什麼要這樣。他囁嚅了一陣，才說，如果老師提問時他不舉手，同學會在下課的時候嘲笑他是傻瓜。

看著他泛紅的眼光，老師和他約定，下次上課的時候，當他真會的時候就高高地舉起左手，而不會的時候就舉起右手，

這樣一來，老師就可以決定要不要叫他的名字。

神奇的是，隨著時間過去，漸漸地，他越來越常驕傲地舉起他的左手，老師讓他回答問題的時候，他也越來越從容、越來越有自信。於是，這個原本極有可能在嘲笑中沉淪的孩子，後來脫胎換骨，成了一名優秀的學生。

我們所做的每一個決定，都可能會影響到別人，廣義地說，甚至會影響到我們周遭的世界。就像故事中的那位老師，只是一個做法的調整，就改變了一個孩子的未來。

當嘲笑的眼神轉變成欣羨的神情，在男孩心中的感受已有了極大的不同，隨著對自己的表現滿意，增加了自信，也對課堂上的內容產生興趣。為了要能順利地答出老師的提問，課前就必須多加準備，上課中便得認真聽講，而課後更要詳加複習，能這麼做的話，成績如何能不進步？

關心與鼓勵是每一位師長的責任，如果期望孩子能在學業和品德上有所表現，我們便有責任為他們安排安心的學習環境，使他們能夠自主學習。

教育的目標，或許相同，但是教學的方法卻沒有固定的模式。這並不表示師長必須去討好學生，而是我們必須去思索、觀察每個孩子的個別差異，然後改變自己的做法，以使每個孩子能夠真正從中得到收穫。

先學會放下，
才能自在活在當下 ＊ *169*

測試自己的真情指數

所有的牆都是自己築起來的，一旦把別人想得很壞，就不可能相信別人會真心對待自己，只好一個人永遠孤獨寂寞地待在牆內了。

有句俏皮話是這麼說的：「不要把別人想得太複雜，其實你自己也不簡單！」

正是因為我們總是戴著有色的眼鏡看別人，才會覺得週遭的人都居心叵測，言行舉止都別有目的。

在負面心態左右下，每個人都築起高高的心牆，久而久之，人與人之間就失去了信任。

信任是維持所有關係的關鍵要素，因此有人說：「不相信任何人的人，結果是別人也不相信他。」

只是，在這個爾虞我詐的社會裡，要談彼此信任，真的是愈來愈難了，而癥結就在於人的心態問題。

其實，只要我們試著放下內心那些猜疑、偏頗，改變自己看待人事物的角度，那麼我們就可以看見另一番不同的景象。

日本社會關係學專家谷子博士曾講過這樣一個故事。

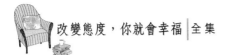

有一個富翁為了測試別人對他是否真誠，故意假裝生病住進醫院。結果，那富翁說：「很多人都來看我，但我看出其中許多人都是為了分配我的遺產而來的，特別是我的親人。」

谷子博士問他：「你的朋友來看你了嗎？」

富翁回答說：「經常和我有往來的朋友都來了，但我知道他們不過是當作一種例行的應酬罷了。」

他頓了一頓，又說：「還有幾個平素和我不睦的人也來了，我想他們肯定是聽到我病重的消息，幸災樂禍來看熱鬧的。」

谷子博士分析，照這位富翁的說法，測驗的結果就是：根本沒有一個人對他有真正的感情。

但是，事實上真的是如此嗎？

為什麼我們苦於測驗別人對自己是否真誠，而從來不測驗一下自己對別人是否真誠呢？

因為對這個世界不信任，所以，認為所有的人都對自己有敵意、都有意圖，但我們可曾想過自己如何待人，別人就如何待你，唯有想欺騙別人的人，才會害怕別人要欺騙你。

就像故事裡的富翁，將世界緊緊鎖在心防之外，裡頭只有他自己和空虛作伴，生命顯得灰暗且不快樂，那又何必呢？

懂得改變自己看待人事物的角度，人生才有更開闊的遠景，不繼續沉陷於猜忌、懷疑、悲觀……等等負面情緒之中。

法蘭西斯・安・肯柏的詩句裡這樣寫著：「我們寧可信任所有的人，即使為人而痛哭一場，也不要懷疑你所信任的人，因為信任他人是對生命的一種祝福。哦，在這虛假與快速的世

界裡，懷疑的魔鬼正侵襲著年輕人；我們寧可被騙，也不要失
去這為真理所祝福的希望。」

　　所有的牆都是自己築起來的，甚至連自己都不曾發覺這道
牆究竟是什麼時候築起來的，所以，也就沒有方法可以去打破
它。

　　一旦把別人想得很壞，就不可能相信別人會真心對待自己，
只好一個人永遠孤獨寂寞地待在牆內了。

　　唯有彼此信任，才能帶來正向的新希望。該怎麼做呢？或
許就先試著從不猜疑別人的企圖開始吧！

7. 奇蹟，來自智慧的累積

如果你認為事情只有一種處理方式，

就只會依照常理進行，

但是，腦筋稍微拐個彎，

說不定就會有截然不同的發展。

以幽默的態度展現生命的氣度

忍字心上一把刀，強調了忍讓的困難，如果
能夠以幽默的態度，淡化忍讓時心中的不
悅，更令人不得不佩服。

　　有些時候，你可能會被他人的怒氣波及；有些時候，你可
能因為別人突如其來的舉動受到不小的傷害；更有些時候，你
可能意外成了眾矢之的，莫名其妙被人攻擊。

　　在這些時候，你的心裡會感到莫名所以，會感到難過，會
感到憤怒。這些情緒反應都是人類的本能，是人類承受外界打
擊會面臨到的壓力反應。

　　這時候，你應該做的是用幽默的態度展現自己的氣度。

　　所謂「樹大招風」，越是鶴立雞群的人，越是容易面對挑
戰、遭受攻擊。這樣的人，所受到的精神壓力相對倍增。以政
治人物來說，由於意見多半涉及所有人的權益，因此支持與反
對的人對於他們的言談舉止帶來的情緒反應也往往特別強烈。

　　有人訪問到一位政治家，請教他的成功之道為何。這位政
治家幽默地回答：「我認為人生在世最偉大的生活法則是容忍；

其次是不容忍；至於第三點，也是最難做到的一點，就是去區分容忍與不容忍。」

仔細推敲這句話，面對生活的一切，你可以選擇以容忍來面對，犧牲小我能夠成就大我，這自然是一種偉大的生活態度。然而，一味忍讓也可能流於姑息，容忍不了的就不應該容忍，而是應該起身改變，所以，不容忍也是一種改變世界、刺激進步的重要動力。

從這兩個前提來看，容忍與不容忍，取其極致，不是一種絕佳的生活手段，難就難在於如何區分什麼該忍，什麼又不該忍。

忍字心上一把刃，強調了忍讓的困難，能夠控制怒氣選擇忍讓的人，顯得特別有風度與氣度，如果能夠以幽默的態度，淡化忍讓時心中的不悅，更令人不得不佩服。

有個議員下鄉巡迴政見發表，可是才剛說沒幾句話，台下就有好幾個群眾把帶來的爛水果往他身上砸，目的就是要破壞他的演說，也是對於他的言論表示激烈的抗議。

他的身上到處是碎蕃茄的殘渣、爛香蕉的遺骸，但是他卻不慌不忙地一邊把身上的髒污抹去，一邊說：「我或許不知道農民們的難處，但是你們不能不承認，對於生產過剩的農產品來說，我還是有一點用處的。」

這樣委婉和緩的應對，沒有一絲火氣，充分表現了他的風度，台下有些聽眾對他報以掌聲，那些憤怒的群眾們也稍稍止歇了一點怒氣，有一些憤而離去，但是有更多的人願意冷靜下來，先聽聽他打算怎麼說。

這算得上是一次成功的危機解除，這位議員當下或許氣得

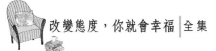
要死，但是他在台面上忍得漂亮，因此也爲他贏得了不少選票。

　　沒有人喜歡輸的感覺，但是在你絕對不會贏的時候，採取守勢、忍辱偷生才能爲自己爭得喘息的空間，也才有機會反敗爲勝。

　　一隻狗受到攻擊，牠只有兩個回應，打得過對方的時候，以威嚇加上全力攻擊，藉此取得主導的地位；打不過對方的時候，夾著尾巴逃跑，委曲以求全，然後心甘情願地服從。

　　牠可能會再次挑戰權威，但若再次失敗，牠也會再次服從。

　　人類的反應，比起犬貓等生物來說，變化顯得多上了許多，在採取應對策略時，也不會只有一種方法。

　　退場不一定得落荒而逃，退也可以退得很漂亮，更重要的是以退爲進，以包容和忍讓換取無須正面衝擊的空間，也是一種重要的生存原則。

奇蹟，來自智慧的累積

> 如果你認為事情只有一種處理方式，就只會
> 依照常理進行，但是，腦筋稍微拐個彎，說
> 不定就會有截然不同的發展。

日常生活中，不少人喜歡比較，開口閉口都是抱怨的話語，抱怨自己家庭環境不好，經濟狀況很糟糕；抱怨自己工作量比別人大，薪資卻比別人差；抱怨這個社會不公平，貧富差距那麼大……。

但是，抱怨無法解決問題，應該積極運用智慧為自己創造奇蹟。

在競爭激烈、花招百出的商場上，沒有顛撲不破的定理，只有所謂的*趨勢*。然而，*趨勢*是人創造出來的，只要你的腦筋靈活，設定自己的目標與方向，終究能開創出另一波新*趨勢*。

二次大戰時，在德國奧斯維辛集中營裡，一個猶太人對他的兒子耳提面命說：「現在，我們唯一的財富就是智慧，當別人說一加一等於二的時候，你應該想的是一加一大於二。」

當時，納粹在奧斯維辛集中營裡，總共毒死了五十三萬六

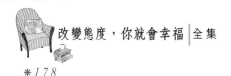

千七百二十四人，那對父子卻幸運地活了下來。

一九四六年，他們舉家來到美國，在休斯頓定居，從事銅器生意。有一天，父親問兒子一磅銅的價格是多少，兒子回答三十五美分。

父親說：「對，整個德克薩斯州都知道每磅銅的價格是三十五美分，但身為猶太人的兒子，你應該說三‧五美元。怎麼說呢？你試著把一磅銅做成門把，它就可以賣這個價格。」

二十年後，父親死了，由兒子獨自經營銅器店。他做過銅鼓，也做過瑞士鐘錶上的簧片，還做過奧運會的獎牌。他更曾經把一磅銅賣到三千五百美元，當時，他已是美國知名企業麥考爾公司的董事長。

然而，真正使他揚名的，是紐約州裡的一堆垃圾。

一九七四年，美國政府為了清理自由女神像翻新後扔下的廢料，向社會廣泛招標，但是，好幾個月過去了，都沒人去投標。當時，正在法國旅行的他聽說之後，立刻飛往紐約，勘察過自由女神像下堆積如山的銅塊、螺絲和木料後，未提任何條件，當下就立即簽了字。

許多紐約當地的運輸公司，對他這個舉動暗自發笑，恥笑他是個愚蠢的傻子。因為，紐約州對於垃圾處理有相當嚴格的規定，這項吃力不討好的工作處理不好的話，說不定還會受到環保組織控告，吃上官司。

就在許多人要看這名猶太人的笑話時，他開始組織工人對廢料進行分類。他讓工人把廢銅熔化，然後鑄成小型的自由女神像，把木頭等加工做成底座，把剩下的廢鉛、廢鋁做成紐約廣場的鑰匙圈。最後，他甚至把由自由女神身上掃下的灰塵全

部包裝起來，出售給花店。

短短不到三個月的時間，他讓這堆廢料變成了三百五十萬
美元現金，每磅銅的價格整整翻了一萬倍。

即使是幾近被淘汰的事物，只要經過一番巧妙改頭換面，
也可以搖身一變，成了人人爭奪的寵兒。

有誰想過垃圾堆裡的廢料，竟然隱藏著無限商機？

故事中的商人，轉眼間把垃圾變成黃金，看似不可思議，
然而，這並不是天降奇蹟，而是一種智慧的累積。

如果你認為事情只有一種處理方式，自然就只會依照常理
去進行，但是，有時候腦筋稍微拐個彎，說不定就會有截然不
同的發展。

在商業化社會裡，是沒有公式可言的。當你抱怨生意難做
時，也有人正因為點數鈔票而累得氣喘吁吁。這當中的差別可
能就在於：你認為一加一應該等於二，而他認為一加一永遠大
於二。

慎選生命中的大石塊

當你的廣口瓶裡塞滿了工作，而且把它壓縮得緊緊實實，那麼，你已經沒有機會放入其他的大石了。

在我們的生活週遭，有個很普遍的現象，許多人整天汲汲營營，卻根本不知道自己究竟追求什麼。欠缺明確定位與目標的結果，心境自然煩躁，日子自然過得渾渾噩噩。

時間是不斷向前行進的轉輪，逝去的時間永不回頭，也難以挽回。

所以，要如何善用寶貴的時間，讓自己活在當下，不被瑣碎的小事絆住，的確是我們需要靜下比來好好思索一番的課題。

曾經有位時間管理專家為一群商學院的學生講課。

「我們來做個小測驗。」專家拿出一個容量一加崙的廣口瓶放在桌上。

隨後，他取出了一堆拳頭大小的石塊，把它們一塊塊地放進瓶子裡，直到石塊高出瓶口，再也放不下了。

他問：「你們覺得這個瓶子裝滿了嗎？」

　　所有的學生都回答：「滿了。」

　　他反問：「是嗎？」

　　說著，他從桌下取出一桶礫石，倒了一些進去，並敲擊廣口瓶玻璃壁，使礫石填滿石塊間的間隙。

　　「現在瓶子滿了嗎？」

　　這一次學生們不敢斷言，一位學生小心地應道：「可能還沒有。」

　　「很好！」他伸手從桌下又拿出一桶沙子，把它慢慢倒進玻璃瓶，直到細沙填滿了所有石塊之間的空際。

　　他又一次問學生：「瓶子滿了嗎？」

　　「沒滿！」學生們大聲說。

　　專家笑著拿過一壺水倒進玻璃瓶，直到水面與瓶口齊平。他望著學生說：「請你們想想，這個例子說明了什麼？」

　　一個學生舉手發言：「它告訴我們，無論一個人的時間表多麼緊湊，如果再加把勁，一定還可以找出更多時間，做更多的事！」

　　「不。」專家說：「那還不是它的寓意所在。這個例子告訴我們，如果你不先把大石塊放進瓶子裡，那麼到最後，你就再也無法把它們放進去了。所以，要認真思考什麼才是自己生命中的『大石塊』呢？千萬要記得，先去處理這些『大石塊』，否則你會終生錯過了。」

　　現代人總是忘了什麼是生命中的「大石塊」，整天為了小事耗盡心力，為了小事忙得像無頭蒼蠅。

時間是固定不變的，然而不管做什麼事情，都需要花費時間才能完成，因此，時間要如何分割，要如何取捨，端看每個人的選擇。

現代人老是叨嚷著「自己好忙」、「時間根本不夠用」，於是，爸媽沒有時間和孩子相處，全部送到補習班、安親班集中管理；年老的雙親沒有人照顧，請個看護就算盡了孝道；永遠抱怨沒有時間可以去完成自己的夢想，甚至沒有時間到郊外散散步……。

這些現象令人不禁要思索，究竟人生在世的目的是什麼？難道是匆匆忙忙地來去一遭嗎？

當你的廣口瓶裡塞滿了工作，而且把它壓縮得紮紮實實，那麼，你已經沒有機會放入其他的大石了。

好消息還是壞消息，由你決定

「塞翁失馬，焉知非福」，同一件事，要視
為好消息還是壞消息，選擇權，其實操之在
你。

有心人利用一般人的惻隱之心，以募款之名騙取錢財的情
事，在我們的生活周遭時有所聞。

當你發現自己的好心，落入了壞人的陷阱之中時，心中作
何感想呢？

相信大部份人一定懊惱不已，甚至搶天呼地。

其實，就算受騙上當，你還是可以選擇原諒對方，選擇往
好的方向想。因為，一件事情的好壞，並不在於事情本身，而
在於你如何看待。

有一次，阿根廷著名的高爾夫球手羅伯特‧德‧溫森多贏
得一場錦標賽後，帶著剛領得的獎金支票，微笑著從記者的重
重包圍中走出來。

當他愉快地走到停車場，準備開車返回俱樂部之時，突然
有一名年輕女子快步來到他的車旁。

那名女子向溫森多表示祝賀後，不經意地提起她有個可憐的孩子，因為病得很嚴重而住院，也許會因此死掉，但是，她卻不知如何才能支付昂貴的醫藥費和住院費。

溫森多聽了，被深深地打動了。他二話不說，掏出筆在剛贏得的支票上飛快地簽了名，然後塞到那名女子手中。

「這是這次比賽的獎金，拿去吧。但願妳那可憐的孩子走運，能早日康復。」他說道。

一個星期後，溫森多正在一家鄉村俱樂部用餐，偶然遇到一位職業高爾夫球聯合會的官員。

那名官員一看到他，就問道：「溫森多，停車場的孩子們告訴我，上個星期你遇見了一個自稱孩子病得快死了的年輕女子。」

溫森多聽了點點頭。

那名官員又追問著：「你沒給她錢吧！你給了嗎？」

溫森多又點了下頭。

「喔，這真是個壞消息啊，我的朋友，」那名官員說道：「那個女人是個騙子，她根本就沒有什麼病得很嚴重的孩子。她甚至還沒有結婚哩！溫森多，你讓人給騙了！」

「你是說，根本就沒有一個小孩子病得快死了？」溫森多的聲音因為驚訝而提高了許多。

「沒錯，根本沒有。」官員答道。

溫森多確認之後，長長吁了一口氣，說：「啊，這真是我這個星期來，所聽到的最好的消息。」

　　那名女子或許當眞是一名騙徒，但整個星期來，在溫森多的心裡，一直存在著一名無助病危的孩童影像，不知道自己微薄的獎金是否能及時幫得上忙。官員爲他惋惜的是金錢的損失，然而對他來說，這個消息卻無疑地使他鬆了一口氣，減輕心理的負擔。

　　當我們遇到類似的情況，究竟是要因爲被騙而耿耿於懷，還是放鬆心情將之全部拋卻腦後？

　　「塞翁失馬，焉知非福」，同一件事，要視爲好消息還是壞消息，選擇權，其實操之在你。

留一塊心靈的位置給仁慈

我們的世界需要更多善的因子，當我們感受到別人的善意時，心中的感覺一定是喜悅的，應當讓這樣的善意傳遞下去。

人生在世，應當學會適時放寬自己的心境，多為自己和別人預留一些轉圜空間，凡事抱最好的期望，做最壞的打算，如此，才不會使自己的人生之路腹背受敵，寸步難行。

山繆‧強森說：「培養仁慈心是一生中極具價值的部分。」

如果在待人處事中，能夠多一分仁慈心，行事間也必然會多有一分尊重，當人與人之間能夠彼此尊重，為彼此著想，整個社會也將更為祥和。

在火車將要啟動的時候，一個旅客急匆匆地跳上了車，可是，他的一隻腳還是被車門夾了一下，一隻鞋子就這麼掉了下去。

但是，火車已經開動了，這個人竟毫不猶豫地脫下另一隻腳上的鞋子，朝第一隻鞋子掉下去的方向扔了過去。

有人奇怪地問他為什麼要這樣做。這位旅客說：「如果一

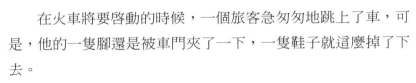

個窮人正好從鐵路旁經過，那麼他就可以撿到一雙鞋，這或許
對他很有用。」

這個旅客名叫甘地，在印度，他被尊稱爲「聖雄」。

讓別人的生命有一點點不同，增添一點點光亮，其實是很
容易的事。即使只是一雙普通的鞋，都突顯了甘地心中的仁慈。
富人自然是對一雙舊鞋不屑一顧，但連鞋子都買不起的光腳窮
人，卻必定高興能有一雙鞋子來保護雙腳，如果只有一隻鞋就
沒辦法了。

甘地連這一點點小事，都爲人想到了，難怪能成爲印度人
心中極爲重要的人物，同時也是受世人景仰敬佩的偉人。

泰瑞莎修女曾經勉勵世人：「隨處散播你的愛心，就從對
你的家人開始，多一分關愛給你的孩子、你的另一半、你的鄰
居……，讓每個接近你的人都有如沐春風的感覺。給別人一個
關懷的眼神，一個燦爛的微笑，一個溫暖的擁抱，爲上帝的仁
慈做見證。」

像甘地和泰瑞莎修女這樣，能以愛心對待衆人，能有如此
寬大的胸襟，實在令人佩服。

我們的世界需要更多善的因子，需要更多愛的因子，當我
們感受到別人的善意時，心中的感覺一定是喜悅的，所以我們
應當讓這樣的善意傳遞下去，至少從留一塊心靈的位置給仁慈
開始。

請為孩子播下希望的種子

身為家長，或許可以不要過早給予孩子過多的壓力，該來的終究要來，沒有必要急於一時，更沒有必要過度地鞭策。

根據專家的研究，孩子的童年經驗，會影響他日後的人格發展。童年遭受過多失敗與挫折的孩子，對於未來比較沒有信心；而在鼓勵中長大的孩子，將來必能充滿自信。

因此，在與孩子相處的時候，或許我們應該先思考一下我們的態度。

康納德小時候，每年夏天都要隨父母去鄉下爺爺那裡住上一陣子。寬闊的原野裡，高高的草垛，哞哞的牛聲，清脆的鳥鳴，使康納德每每流連忘返。跟著行動不方便的爺爺在田間散步，也是康納德喜歡的事情之一。

「爺爺，我長大了也要來農場種莊稼！」一天早上，康納德興致勃勃地說出了自己的願望。

「好啊，你想種什麼呢？」爺爺笑了。

「種西瓜。」

「唔，」爺爺棕色的眼睛快活地眨了眨，「不如我們現在就來種吧！」

康納德一聽，不禁高興得跳了起來。

爺孫二人從鄰居就在一棵大橡樹下仔細地翻鬆了泥土，然後把西瓜籽撒下去。忙完這一切，爺爺說：「接下去就是等待了。」

小小的康納德還不懂得「等待」到底是怎麼一回事。那個下午，他不知來回跑了多少次，就是為了去查看他的西瓜到底長出來了沒有。誰知，直到傍晚，西瓜苗卻連影子也沒有。

晚餐桌上，康納德不禁問爺爺：「爺爺，我都等了整整一下午了，為什麼西瓜還不長出來，到底我還得等多久？」

爺爺笑著說：「你這麼專心地等待，也許西瓜苗會早點長出來。」

第二天早晨，康納德一醒來就往瓜地跑。咦！地面上躺著一個大大的、圓滾滾的西瓜正瞅著他笑呢！

他興奮極了，高喊：「我種出世界上最大的西瓜了！」然後，抱著西瓜一路蹦蹦跳跳地跑回家。

長大之後，康納德自然知道當年這個西瓜，是爺爺從家裡搬到瓜地上的。但儘管如此，他卻不認為那是爺爺哄騙孫子的把戲，而是在一個不懂事的孩子心裡，適時地播下一顆希望的種子。

如今，康納德有了自己的孩子，事業上也有所成就。他覺得自己樂天的性情與成功的生活，是爺爺為他在橡樹底下所播的種子長成的。爺爺本來可以告訴他，西瓜不可能在一夜之間就長大，但是爺爺沒有這麼做，反而讓他真實地體驗了「希望」

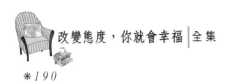

與「成功」的滋味。

在孩子的成長過程中，難免會有些天眞、不切實際的想法，需不需要去戳破孩子夢幻的氣球，其實見仁見智。

有人說「幻滅是成長的開始」，有人說「孩子遲早有一天要面對現實」，然而也有人像康納德的爺爺一樣，樂意爲孩子保留更多的想像空間，爲孩子的童年製造更多的歡笑聲。

雖然每個父母都有望子成龍、望女成鳳的心理，但身爲家長，或許可以不要過早給予孩子過多的壓力，該來的終究要來，沒有必要急於一時，更沒有必要過度地鞭策。

偶爾給孩子幾顆糖，並沒有什麼大不了，就像在康納德的心中，那顆西瓜的滋味，相信是會永久不散的，永遠忘不了的。

彼此尊重就是最好的互動

地位越崇高的人，他的意見更容易受到更多
人的檢驗；反對的人越多，就越能看出一個
人的氣度是否寬宏。

心理學家亨利·詹姆斯說過一句話：「與人來往，不能忘記的一件事情就是：對方有其生活方式，所以我們不能去干擾對方的生活圈子。」

如果我們能夠信守這一句話，那麼世界上或許就能少去不少的紛爭了。因為，這個世界上大部分的糾紛，都出自於我們老是想改變別人，卻不怎麼想改變自己，彼此互不相讓的結果，就是面對面衝突。

其實，彼此尊重就是最好的互動，有時候為他人留餘地，就是為自己留餘地；給別人留面子，自己也會有面子。

春秋時代，晏嬰是齊國的大夫，他的父親死後，由他繼任齊國的卿相，歷任靈公、莊公、景公三朝的相國。晏嬰為人正直，當官清廉，生活非常儉樸，因此上至君主，下至百姓，都對他很尊敬。

　　一天，晏嬰正準備吃午飯，齊景公派了一個人來見他，晏嬰並沒有因為對方是君王派來的而特殊款待，只是當場把自己的飯菜分成兩份，請來人一起共進午餐。當然，這頓飯兩個人其實都沒有吃飽。

　　景公知道這件事後，感歎地說：「堂堂一個相國，家裡竟然如此貧困，而我竟然一直不知道。這是我的過錯！」

　　說罷，景公命人向晏嬰送去千金，以供他接待賓客之用。

　　不料，晏嬰不但不願接受，還叫來人帶回。景公以為是自己的意思沒說清楚，於是命人再送去，但是晏嬰仍然不肯收下。

　　當景公命人第三次送來時，晏嬰對來人說：「請稟報大王，我並不貧困。大王給我的俸祿，不僅足夠我供養家人、接待賓客，還可以用來接濟窮苦百姓。所以，我不能再接受大王額外的賞賜了！」

　　負責送金的人其實也感到非常為難，一方是主公，而一方是相國，得罪了誰都沒有好處。於是，他對晏嬰說：「相國，我是奉命辦這件事的。您這次又不願接受，教我如何去回報大王呢？」

　　晏嬰想了想，說：「既然如此，我和你一起進宮，讓我當面向大王辭謝。」

　　晏嬰見了景公，感謝他對自己的厚愛，表示作為一個臣子，能吃飽穿暖就可以了，不能有過多的財富，請求他不要勉強他接受額外的賞賜。景公聽了這番話，對晏嬰更敬重了，但還是要把千金賜給他。

　　景公說：「齊國以前的賢相管仲，為齊桓公成為當時各諸侯國第一個盟主立了大功。桓公賞給他許多封地，管仲沒有推

辭就接受了。你晏嬰爲什麼要推辭呢？」

晏嬰說：「我聽過這樣的說法：聖人千慮必有一失，愚人
千慮必有一得。也許管仲考慮這件事上有所失誤，我雖然笨，
這件事卻應該處理得正確。」

景公見他心意如此堅決，最後只好作罷，但是對晏嬰的氣
節也更加敬重了。

一定有很多人認爲，晏嬰實在太不給齊景公面子了，特地
派人送禮來，居然還百般推辭。但是，晏嬰卻明白這樣的饋贈
其實是不必要的，國家的財富都是取之於民，不應該爲了私自
的享受而隨意浪費公帑。

他堅持婉謝，是因爲他覺得知足常樂，貪心無益。

晏子怎麼也不肯接受齊景公的饋贈，齊景公當然對於他如
此的做法頗不以爲然，甚至以管仲爲例，認爲就連管仲如此賢
相都不避諱君王的饋贈，不免暗怪晏嬰過於堅持。但晏子卻以
爲，無功受祿原本就是不正確的事，不過他無意質疑管仲的人
品，以「聖人千慮，必有一失」的可能性來一語帶過，是指思
慮再高明周全的人也難免會有所疏失，而愚者如果多方用心，
也會偶有所得。

其實，晏嬰的能力並不見得低於管仲，但他卻比管仲更多
了一分謹慎，一分謙遜，這番道理說得景公無言可對，只得順
了他的心意。

富蘭克林認爲，想要建立和諧的人際關係，首先就是尊
重對方。他說：「假如對方說了不中聽的話，你也不要討厭

他。倒不如用積極的方法儘量轉移話題。同時一方面要尊重對方的意見，如此，對方也會尊重你的意見。」

本來每個人就是不同的個體，不一定都能夠有相同的想法和看法，面對和自己想法歧異的人，若是仍能保有一定的尊重態度，對方縱使再沒風度也不好發作，免除了衝突的危機，就不至於輕易地破壞了彼此間的和諧。

地位越崇高的人，他的意見更容易受到更多人的檢驗；反對的人越多，就越能看出一個人的氣度是否寬宏。

大文豪蕭伯納曾說：「一個人不論有多大成就，他對任何人都應該平等相待，要永遠謙遜啊！」

晏嬰就是這樣一名謙遜的賢者，既護衛了自己的堅持，也表明了對齊景公和管仲各自生活態度的尊重；不為了保護自己而不惜傷害他人，這才是真正的賢明氣度。

用幽默態度笑看生命荒謬處

藉用幽默的力量，讓我們能坦然面對世事的變化，安然度過一切危機，一旦事過境遷的時候，便會有一種心寬的從容。

有人說人生是荒謬的，上帝一手給你想要的，一手卻拿走你的另一個東西；然而，當你眼前的門被應聲關上，身旁的窗卻悄然開啓。

我們都應該學習如何以樂觀的態度，看待生命的難處，人生總有不好過的時候，卻也總是有過得了的方法。

人生可能有很多無法預期的荒謬會發生，也許當你興高采烈準備全家出遊的時候，孩子卻鬧肚疼，只能終止計劃；也許當你中了頭獎的彩金時，卻發現家裡被人闖了空門。

也許當你千里迢迢去吃一碗赫赫有名的拉麵時，老闆卻換了人；也許在你為了約會提早三個小時打扮妥當，老天卻下起雨來……，生活當中什麼事都有可能發生，你該如何應對？

或許，當你感到無奈的時候，可以試著笑笑看。有時候，笑聲帶來的力量，是人料想不到的。

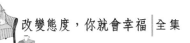

　　笑，不僅是一種生理現象，也是一種心理現象。就實質而言，更可說是一種情感訊息的傳達。

　　十八世紀法國劇作家德圖什曾說：「笑可以分為兩類，一類是單純的、天真的、純真的喜悅表情；另一種則涉及開心、惡習、惡意等，這是一種經過推理而生的喜悅。幽默之笑，恰是一種經過推理產生的笑。」

　　林語堂則認為：「幽默常常笑中帶淚，淚中帶笑。」有時候幽默笑容背後，其實隱含了極大的痛苦。

　　既然很難笑，又為什麼要笑呢？我們常見到戲裡這麼演著，某個角色遭遇了極大的挫折與衝擊，神情一時有些恍忽，而後卻驟然笑出聲，甚至仰天長笑，笑到最後眼淚都落了下來。他雖笑著，卻令周遭的人以至觀眾，全都感受到了他的痛苦。

　　笑與淚，其實是分不開身的，有時候苦到了極處，眼淚一滴也沒有，哭也哭不出來，突然覺得人生何其無常，再怎麼與天爭鬥，也是落了下風，想透了，竟不覺笑了出來。

　　那種笑是痛苦的，但是若不笑，藏在心裡更苦。

　　有人說喜劇片比悲劇更難製作，問題就出在如何讓笑謔之中藏有足夠的深度，令觀者在哈哈大笑之餘，能重新省思與理解。

　　人與人之間，可以用情感和心靈彼此溝通，有時候單純的一個笑容就能讓彼此心神領會，有所了解。

　　滑稽的事物，往往能夠引人發笑；誇張和不合常理的人、事，總是能夠吸引人的注意，幽默就是從這兩個部分開始尋找

素材和養分。滑稽和誇張不合常理，含有一種差異，足以在人
的心裡產生常理之外的反差，因而覺得趣味或好笑；幽默的背
後，則通常有著某種意圖的反動，是一種智慧昇華的回應，生
動的幽默能讓人回味久久。

　　藉用幽默的力量，可將荒謬事發生在自己身上時的惱怒轉
化，讓我們能坦然面對世事的變化，安然度過一切危機，一旦
事過境遷的時候，便會有一種心寬的從容。

8.

把優點放在別人看得到的地方

如果不能把自己的優點放在別人看得見的地方，

就很難會有出線的機會，

沒有做事的機會，

又哪來成功的機會呢？

用恰當的方法，表達自己的想法

你說我聽，我說你聽，有說有聽才是真正的
溝通。把問題提出來，可以將問題聚焦，把
彼此的需求和意願畫出藍圖。

　　曾經讀過一個故事，故事內容敘述主角具備聽見別人心聲
的能力，但是這種不凡的能力並沒有為他帶來快樂，因為不論
他想聽的和不想聽的都聽得見，而且無法阻絕。

　　後來，發生一件意外令他失去聽力，耳聾之後，他並沒有
太大的痛苦，反而覺得自在，因為他再也不用聽那些他不想知
曉的心聲了。

　　聽得見別人的心聲，乍聽之下好像是一件不錯的事，如此
就可以投其所好，避其所惡，藉著「洞燭機先」，幫助自己達
成許多目的。

　　但是，人類的心思並非這麼單純，因為，人既想探知別人
的心，又害怕被人探知，每個人心裡都有一塊不輕易示人、不
願為他人觸碰的地方，層層包裹，處處防衛著。

　　所幸上天並未賜予我們看透別人的能力，我們也能保有自
己的秘密。但是，當兩顆心距離太遠的時候，訊號會變得薄弱，
解讀也可能出錯。猜不透彼此的時候，或許應該試著把話說清

楚，把自己的需求和想法說出來，同時也傾聽對方的期望與回
應。

　　有一個丈夫對於妻子酗酒的問題忍耐到了臨界點，有一天，
他下定決心，開了一輛新車回家。

　　他的妻子站在門口看他把車停進車庫裡，滿臉訝異地說：
「安德列，我看到你買了一輛新車。說吧，是誰借給你的錢？」

　　丈夫將車停妥之後，彷若無事般走進屋裡，回答說：「誰
也沒借給我，我用自己的錢買的。」

　　但是妻子並沒有因此放過他，追在他後頭大聲吼道：「得
了吧，你哪來那麼多錢買車？」

　　丈夫聳聳肩，回答：「我只是把家裡的空酒瓶全拿去退了
錢罷了！」

　　當然，這對夫妻可能會吵上一架，但至少他們有機會清醒
地把問題攤開來，開誠佈公地談清楚。

　　丈夫如此誇張的舉動，或許過於衝動，不過如果妻子有足
夠的幽默感，便可以感覺出這是她的丈夫對她提出的一項邀請，
邀請她一同來解決他們共同面對的問題。

　　正因為彼此有別，每一個人的互動關係才能千變萬化，這
個世界也才會變得多彩多姿。為了讓彼此的關係能夠正向互動
多過於負向互動，我們需要學習如何彼此溝通。

　　我們可以猜測對方的想法和心思，只是有時候猜得對，有

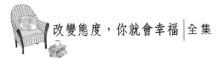

時候卻猜錯。猜對了，可能皆大歡喜，對彼此能夠如此知心感到萬分動容；不過有時候卻也可能惹來殺身之禍，像楊修就是因為將曹操的心思猜個十成十，惹得容易猜忌的曹操不得不痛下殺手。

至於猜錯的感覺就分外惱人了，不只突顯兩人的默契不足，更清楚暗示彼此不夠了解，也容易誤會頻生。

為什麼人總要猜來猜去呢？有什麼事說清楚不就成了嗎？

如果一心只期望別人能夠揣測自己的心意，那麼猜錯了又能如何？倒不如大大方方給個答案來得乾脆。

正如故事中的夫妻，彼此對於某些問題早已在心中造成了影響，卻只是希望對方有一天能夠「良心發現」，但是，真正的問題在於，對方真的認為那是個「問題」嗎？

如果兩個人的想法天差地別，又如何能有所交集、彼此交心呢？如果雙方繼續再各說各話，那麼他們何時才能有一些「對話」？

你說我聽，我說你聽，有說有聽才是真正的溝通；爭著說和不想說，都是一種溝通障礙，故事中的丈夫以終極幽默的手法，換取妻子的聆聽，這是一種輸誠，如果對方對他仍舊在乎，就不至於視而不見、置之不理。

把問題提出來，或許一時之間不能找到彼此心許的答案，但至少可以將問題聚焦，先將個人的想法予以釐清，同時聆聽對方的想法，把彼此的需求和意願畫出初步的藍圖。

讓自己維持進步的走勢

讓自己維持在進步與向上攀升的走勢上，享
受每一次成功的喜悦，進而激勵出下一次的
成功。

在求學的時期裡，通常有兩種人可以有機會拿到獎狀，一
種是在各種領域中名列前茅，勇奪前三名的人；另一種則是在
每次競賽中比較起來進步最多的人，這個獎稱為「進步獎」。

雖然不是第一名，也不是優勝者，但競爭對象是自己，只
要戰勝過去的自己，每個人都可以拿到「進步獎」。

撐竿跳高名將布勃卡有個綽號，叫做「一釐米王」，因為
他連續在好幾場重大比賽中，幾乎次次刷新自己保持的紀錄，
儘管每次都僅提高一釐米。

巴塞隆納奧運會舉辦之前，有人披露，布勃卡其實在平常
訓練時，經常可以跳出絕佳的成績，但奇怪的是，他在正式比
賽中從不拿出真本事，而是一釐米一釐米地提高自己的紀錄。

後來大家才發現，這是因為他與贊助人和運動會組織者有
約，每破一次紀錄可得到七十五萬美元的獎金。難怪他曾意味

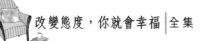

深遠地說道：「大幅度提高成績是不明智的。」

　　布勃卡運用自己的做法，在撐竿跳的領域之中稱雄多年。當然，他的實力並不是蓋的，真的能跳得比別人高，有很長一時間穩坐第一名寶座，而且每次都領進步獎。

　　布勃卡的方法，聽起來很卑鄙，但是，仔細想想，也不全然如此。

　　因為，他一旦用盡全力，求得了最好的成績，接下來卻容易陷入瓶頸，也很難再有突破。他或許仍然可以領先群雄，但是終究贏不了自己，倘若落入了退步與失敗的情緒之中，對於下一次競賽的影響，不可說不大。

　　在每一次的比賽中，不但要保持自己原來的水準，更要不斷進步，其實要有難能可貴的毅力才能做得到。

　　有了每一次的進步，心裡會生出另一股向前推進的力量，所以能不斷地超越自己，刷新紀錄，這可以說是另類的自我鞭策法。

　　不要一次將目標訂得太遠，也不要一次就將力量全部用盡，而要保持自己的節奏與速度。讓自己維持在進步與向上攀升的走勢上，自然能夠沉浸在積極的氛圍之中，享受每一次成功的喜悅，進而激勵出下一次的成功。

不要把方法想得太複雜

有許多人把行動的方法想得太複雜，於是常
常裹足不前，一旦看準目標，就要把握時機
立刻出手。

人生在世，絕大部分的困擾和煩惱，其實都來自我們不願
意放下偏執，不願意改變自己的態度，才會讓自己陷入自尋煩
惱、自作自受的心靈禁錮之中。

懂得放下並適時改變，人才能用全新的心情看待周遭的人
事物，不再患得患失。

我們不能期望一生順遂，半點阻礙都沒有，因為人生中最
大的阻礙可能就是我們自己，若不能破除心魔，當然沒有辦法
前進。只要讓自己做好萬全的準備，就不怕任何迎面而來的困
難。

當我們能主動正視困難、面對問題時，也許就會發現，事
情其實並非我們想像的那樣麻煩。

不要再坐著煩憂，那些你認為自己無法完成的困難事情，
很多時候只不過是輕而易舉的小事。

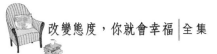
有個名叫瓊斯的新聞記者，剛剛踏入這個行業時，不但個性內向而且極為羞怯怕生，這樣的性格在新聞界裡是相當吃虧的。

有一天，他的上司把他叫進辦公室，命他去訪問大法官布蘭代斯。瓊斯大吃一驚，說道：「我怎麼可能要求單獨訪問他？布蘭代斯又不認識我，他怎麼肯接見我？」

上司絲毫不聽他的理由，只要他在期限內完成任務。

他回到自己的座位上皺著眉頭發愁，一位記者同事聽了他的煩惱，二話不說，立刻拿起電話打到布蘭代斯的辦公室，法官的秘書接了電話。

他說：「我是明星報的瓊斯，你好，我奉命訪問法官，不知道他今天能否接見我幾分鐘？」

他聽完對方答話，然後說：「謝謝你，一點十五分，我準時到。」他把電話放下，對著驚訝得目瞪口呆的瓊斯說：「你的約會安排好了，其實沒那麼困難，不是嗎？」

事隔多年，瓊斯回憶說：「從那個時候起，我學會了單刀直入，儘管做起來不易，但卻極有效用。一旦克服了心中的畏怯，下次進行的時候，就比較容易一點了。」

每個人都一定能分辨得出「積極」與「消極」的不同，但是卻很少人能強迫自己少想消極的事，多多培養積極的行動。

唯有行動才能知道結果，唯有行動才能得出成果，不要光坐著發愁。

就如同故事中的瓊斯，如果不是同事當場幫他打了那通電

話，他就不會明白事情原來並沒有想像中那麼困難。

　　所以，做事就該積極去嘗試，不要怕遭受拒絕；被拒絕了，
換個方式再試一次，直到成功為止。

　　只要樂觀，終究有成功的一天。

　　知名導演珍康萍說過：「重要的不是成功，而是勇於嘗
試。」

　　有許多人把行動的方法想得太複雜，於是常常裹足不前，
最後才怨嘆自己錯失良機，實在不值得同情。

　　就像瓊斯所說的「單刀直入」，一旦看準目標，就要把握
時機立刻出手，萬一沒能一刀砍中，那麼抽刀再刺，最後總能
擊中目標的。

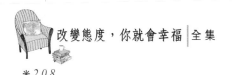
鼓勵你深愛的人，感謝支持你的人

不要忘了給深愛的人多一點鼓勵，也不要忘了謝謝曾在生命中給支持的人，在施與得之間，流動的是彼此真摯的感情。

失意的時候，就好比在茫茫大海中漂流的船隻，如果沒有找到指引方向的明燈，或許就這麼迷失了，陷入了絕境。

許多有成就的人，成功的背後往往都有著守候他、支持他的人。人在面臨抉擇或遭受挫折時，心靈特別容感覺脆弱，無論是親人或朋友，甚至是萍水相逢的陌生人，若能適時地提供鼓勵或意見，說不定就可以改變一個人的一生。

美國大文豪霍桑在成名之前是個海關的小職員，生活雖然還算得上穩定，但是，對於寫作的理想與熱情卻苦無機會可以實現。有一天，他垂頭喪氣地回家對太太說自己被炒魷魚了。

太太蘇非亞聽了之後，不但沒有懊惱，反而興奮地說：「這樣你就可以專心寫書了！」

「是呀，」霍桑一臉苦笑：「光寫書不幹活，要靠什麼吃飯呢？」

　　蘇非亞沒有說話，只是打開抽屜，拿出一疊看起來爲數不少的鈔票。

　　「這錢從哪裡來的？」霍桑忍不住張大了嘴，吃驚地問。

　　「我一直相信，總有一天你一定會寫出一部舉世聞名的作品，所以，我每個星期把家用一點一點省下來，現在這些錢足夠我們生活一年了。」

　　因爲有了太太在精神與經濟上的支持，霍桑最後果真完成了美國文學史上的巨著──《紅字》。

　　一個人的才華沒有辦法得到發揮，當然就沒有任何價值可言，猶如被當成驢子拉車的千里馬，即使跑得再快，也仍然只是一隻「不適任的驢子」。但是，一旦有人從中給予支持與鼓勵，就好像千里馬的眼前出現了伯樂的身影，生命出現了一線曙光。

　　就拿霍桑來說，如果沒有妻子的鼓勵與全力的支持，或許他會在意志消沉一番後，再隨便找一份別的差事，臣服在生活的壓力之下，也許美國文學史上就不會有這樣的大文豪出現了。

　　蘇菲亞深愛自己的丈夫，始終將霍桑心中的理想與願望放在心上，她明白，讓霍桑沒有後顧之憂，才有不斷前進的力量。這一份愛，支持霍桑更加賣力地朝自己的夢想前進，也使得夫妻兩人的夢想都有機會成真。

　　不要忘了給深愛的人多一點鼓勵，也不要忘了謝謝曾在生命中給過支持的人。在施與得之間，流動的是彼此真摯的感情，是啓動希望的樞紐。

把優點放在別人看得到的地方

如果不能把自己的優點放在別人看得見的地方，就很難會有出線的機會，沒有做事的機會，又哪來成功的機會呢？

有才能的人，如果只知道守在自己的小天地裡默默做事，老是不欲人知，那麼，別人永遠看不到你，再辛苦也沒有用。

怎麼樣才能成功？怎麼樣才能得到別人的賞識？怎麼樣才能在同儕之間拔得頭籌？怎麼樣才能在眾多競爭者之中嶄露頭角？

或許你可以聽聽阿基勃特的故事。

從前，在美國石油業獨占龍頭地位的標準石油公司裡，有一位小職員名叫阿基勃特。每次出差遠行，住宿旅館的時候，他總是在自己簽名的下方，寫上「每桶四美元的標準石油」字樣。

不只如此，連書信及收據上也不例外，只要簽了名，就一定在底下寫上那幾個字。他還因此被同事取笑，替他取了個外號叫做「每桶四美元」，真名反倒沒有人叫了。

當公司董事長洛克菲勒知道這件事後，說道：「想不到公司裡竟有這麼位職員，這麼努力地宣揚公司的聲譽，我要見見他。」於是，命人邀請阿基勃特前來共進晚餐。後來，洛克菲勒卸任，阿基勃特繼位就任，成了標準石油公司的第二任董事長。

這是一件誰都可以做到的事，可是只有阿基勃特一個人去做了，而且堅定不移，樂此不疲。當初嘲笑他的人之中，肯定有不少人的才華、能力都在他之上，可是最後，只有他當上董事長。

想要引人注目，方法其實不難，只要出奇制勝就行了。

就像阿基勃特，他只不過在每次簽名的時候多花幾秒鐘，就得到大老闆的注意，有機會將自己的理想與抱負完整地提出來，才能得到後來的成功。

如果不能把自己的優點放在別人看得見的地方，那麼就很難會有出線的機會，因為，沒有做事的機會，又哪來成功的機會呢？

所以，把握眼前的每一個機會，如果機會不來，就自己去製造一個機會，只要能進了門，就看個人的修行造化了。

當然，製造機會的手法絕對不能造作，只要與眾不同就好了，說不定舉手之勞的努力反而可以一擊中的，成功的機會就在眼前了。

把有形的財富投資到無窮的希望

我們所獲得的有形財富，終究會以某種的形式失去，所以，何不將之投資在未來的希望上？

　　每個人在歷練人生的過程中，難免會有一些灰暗、不如意的時期，如果這個時候，有人及時伸出援手，適時地拉你一把，或許就有機會幫助你走出一條嶄新的道路。

　　受人點滴，理當泉湧以報，當生命中出現了貴人相助，或許最大的回報方式，就是為他人投資另一個希望。

　　將美好的善意，以各種不同的形式傳遞出去，經過無數的循環與作用之後，最後受惠的，將是過程中的每一個人，甚至是無數的眾人。

　　據說，居里夫人在讀書時期，生活過得極為貧困。

　　後來，因為她孜孜不倦地刻苦學習，得到了相當優異的成績，獲得波蘭「亞歷山大基金會」頒發六百盧布獎學金，正因為有了這筆獎學金，她才得以在法國繼續深造。

　　四年後，居里夫人果然在研究鋼鐵的磁化技術方面有了極

爲豐碩的成果，法國科學協會因此發給她一筆酬金。

　　儘管她當時生活仍然很貧困，但她除了從中拿出一小部分
購置實驗儀器外，便把剩下的金額全部寄給了「亞歷山大基金
會」。

　　她附上了一封信，信裡寫道：「我把你們的獎學金當做光
榮的借款，因爲它幫助我獲得了初步榮譽。借款理應歸還，請
把它發給另一個生活貧寒，而又立志爭取更大榮譽的波蘭青
年。」

　　居里夫人知恩圖報的做法，相當令人感佩。儘管她自己的
生活困苦，但卻認爲，若能以這一點點的酬金贊助，培育出另
一位爲國家社會謀福利的有志青年，會比將這筆錢用來添置家
具、裁製新裝或大吃一頓更有意義。

　　我們要把投資放在希望上，而不僅僅是看重眼前的金錢獲
得；唯有以明智的慧眼，看出什麼是眞正有希望的未來，我們
的投資才能生生不息。

　　我們所獲得的有形財富，終究會以某種的形式失去，所以，
何不將之投資在未來的希望上？

　　你眼中的小數，對於迫切需要的人來說，卻是難以計量的大
數；或許這筆光榮的借款，將使他有機會走出陰霾，而一株小小
的希望也將開始萌芽。

能綜觀全局，才能掌握主題

時間不夠時，不如先綜觀全局，看看有什麼可以先著手的，才不至於被不重要的事牽絆了手腳，最後一事無成。

「急」與「忙」是現代人的通病，凡事講求速度、效率。可是，急躁與匆忙的結果，往往就是粗心大意和意外疏失，有時候反而得不償失。

與其莽撞、草率，還不如先緩下腳步，將大局總覽一番，擬定對策，再心無旁鶩、按部就班地去進行。如此將省去不必要的過程，說不定能更快收得預定的成效。

有一家知名的大企業打算招募一批新職員，消息傳出，許多人躍躍欲試，紛紛前來參加應試，希望獲得一展長才的機會。

有一群年輕人一路過關斬將，經過了多次篩選，終於要面臨最後一次考驗。只要通過了，便可進入這家著名的大企業工作。這是一項計時十分鐘的測驗，試卷發下來之後，每個人都楞住了，六大張的試題卷，洋洋灑灑地一共列了三十道題，試題的範圍既寬且廣，光寫一題就得花上不少時間。這完全出乎

大家意料，十分鐘委實太倉促了。

許多人一拿到試卷，便半秒也不肯耽擱地慌忙搶答，全然不顧監考官「請大家先將試卷瀏覽一遍再答題」的忠告。試卷在十分鐘後悉數收齊，交由總經理親自批閱，不久，總經理從中挑出六份試卷。

相較起其他的試卷，這六份試卷並非答得最好的，因為都僅僅回答了最後兩個問題。至於其他試卷，都做了前面不少題目，最多的還做了十二題。然而，公司最後錄用的，竟然是那六個僅答了最後兩道題的年輕人。

原來，秘密就藏在第二十八道題的題目之中，因為在題目最後寫道：前面各題均無須回答，只要做好最後兩題即可。

當時間不夠，速度再快也完成不了的時候，倒不如先綜觀全局，看看有什麼可以先著手的，才不至於被不重要的事牽絆了手腳，最後一事無成。

那六名年輕人得以雀屏中選的原因在於，他們能先冷靜地觀察，再合理地分配答題時間，不會被時間追得心慌，大亂陣腳。其實，早在測驗開始之前，監考官就給了足夠的暗示，但其他應試者因為被自己「時間不夠」的先入為主觀念束縛住了，心慌意亂之餘喪失了良機，自然怨不得他人。

做事最怕自我設限，「某某事我一定做不到」等等想法，是對處事熱忱的一大打擊，還沒出征就率先投降了，當然什麼戰爭都打不贏。

唯有抱定信心、冷靜應對，否則難有成功的機會。

改變說話方式，就能創造優勢

 給別人充分的選擇空間，能讓人感覺受到無比的尊重，無形中也能獲得對方的充分信任，進而爭取到更大的利益。

話人人會說，但是要把話說得既漂亮又能打動人心，就不是每個人都可以做得到的了，有的人甚至為此感到苦惱。

其實，說話的技巧並不是難如登天、遙不可及，有時只要切入焦點和語氣態度稍稍改變，就能夠得到不同的結果，這就是雙贏的溝通。

有兩家賣粥的小店，左邊這家和右邊那家每天光顧的顧客人數相差不多，但是每天晚上結算盈收的時候，左邊這家店總是比右邊那家店多出百來元，而且幾乎天天如此。

有人感到好奇，兩家的手藝差不多，所用的材料也大同小異，為什麼會有這樣的差異發生？

仔細觀察兩家小店做生意的方法，右邊的粥店，當客人上門，店員便微笑著歡迎，為客人盛好一碗粥，同時問道：「加不加雞蛋？」

如果客人說加，她就加了一個雞蛋。

每一位進來的顧客，店員總要問上一句：「加不加雞蛋？」有說加的，也有說不加的，大概各占一半左右。

反觀左邊的小店，店員同樣以燦爛的笑容迎接每個客人，為客人盛好一碗粥，同樣地也問客人一個問題，可是他們問的卻是：「請問加一個雞蛋，還是加兩個雞蛋？」

每進來一個顧客，店員都問一句：「加一個雞蛋，還是加兩個雞蛋？」

結果，愛吃雞蛋的就要求加兩個，不愛吃的就說加一個。當然，也有要求不加的，但是很少。

正因為問話的方式不同，於是，一天下來，左邊這家小店自然就比右邊那家多賣出很多雞蛋。

大部分的人在面對是非題的時候，通常答案不是對，就是錯，沒有中間的答案。然而，在面對選擇題時，卻往往會自然而然地從當中選出一個最接近自己想法的答案。

左邊的小店店員在問話之時，就已經先越過了詢問顧客要不要加雞蛋的決定，運用說話的技巧，直接認為顧客希望加雞蛋，將顧客的選擇重點放在數量的多寡上。

只要顧客本身不討厭吃雞蛋，對餐點的價格又不斤斤計較，通常就會在兩個和一個中間選答案。

於是，不但客人感覺自己得到應有的尊重，店家也成功地減少了「不加雞蛋」這個答案的可能性，每天賣出的雞蛋數量，自然在無形中超出右邊小店所賣出的數量。

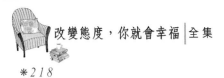

　　給別人充分的選擇空間，能讓人感覺受到無比的尊重，無形中也能獲得對方的充分信任，進而爭取到更大的利益，不聲不響就奪得先機。

　　在日益激烈的市場競爭之中，只要能奪得先機，就多占一分優勢，就多一分勝利的契機。

9.

忙碌，要忙得有價值

忙碌，要忙得有價值，

不要常常讓自己沉浸在忙碌的情緒之中，

最後模糊了自己的人生目標，

成為一個走不回來的人。

忙碌，要忙得有價值

忙碌，要忙得有價值，不要常常讓自己沉浸在忙碌的情緒之中，最後模糊了自己的人生目標，成為一個走不回來的人。

　　忙碌，是現代人的通病，有時是一種生活方式，有時只是一種藉口，有時則是模糊了目標的盲目。不知那些忙碌的人，可曾花一點點時間停下來想想，自己究竟是真忙還是瞎忙，能不能改變。

　　這世間，有兩種人是走不回來的人。

　　一種是貪心的人。托爾斯泰寫過一個故事，訴說一個地主去拜訪一位部落首領，首領要他向西走，然後做一個標記，只要能在太陽落山之前走回來，從此到標記之間的土地全部屬於地主。

　　但是，太陽落山了，地主卻沒有走回來，因為走得太遠，他拼盡了全力也趕不回來，最後更累死在路上。

　　貪心人因為貪，所以走不回來。然而，現實生活中還有另一種人，他們不貪，可是也走不回來。

　　有位作家寫過一則有趣的寓言故事，大意是這樣的。

　　有一個人打算在客廳裡掛一幅畫，當畫在牆上扶好，正準備釘釘子，突然想道：「這樣不好，最好釘兩個木塊，再把畫掛在上面會好看些。」

　　於是，他放下畫出去找木塊。

　　很快地找著了木塊，正要釘，他又覺得木塊有一點大，最好能鋸掉點，於是又四處去找鋸子。

　　可是，找來鋸子，還沒有鋸兩下，他又說：「不行，這鋸子太鈍了，得磨一磨再說。」

　　挫刀拿來了，他又發現挫刀把柄壞了，為了給挫刀換個把柄，他又去校園旁邊的一個灌木叢裡尋找小樹。

　　正要砍下小樹，他又發現生滿鐵銹的斧頭實在是不能用，於是又找來磨刀石。可是，為了固定住磨刀石，必須得要先製作幾根木條。為此，他又到校外去找一位木匠，聽說木匠家有一個現成的固定架。

　　然而，這一走，就再也沒見他回來。

　　當然了，那幅畫始終沒釘成，因為到了下午，他還在幫木匠從商店裡往外架設一台笨重的電鋸呢。

　　工作和生活中有好多走不回來的人。因為，他們認為要做好這一件事，必須得去做前一件事，要做好前一件事，必須得去做更前面的一件事。他們逆流而上，尋根探底，最後把那原始的目的忘得一乾二淨。

　　這種人看似忙忙碌碌，整天一副辛苦的樣子，其實，他們

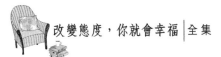
根本不知道自己在忙什麼，也不想加以改變。

有人問世界知名的指揮家托斯卡尼尼的兒子華特，他的父親認爲自己最重要的成就是什麼。

華特簡單地回答：「對我父親來說，這個問題是不存在的。因爲無論何時，只要他做一件事，在那個時刻，就是他生命中最重要的事──不管是指揮一首交響曲，還是剝一個橘子皮。」

戴爾‧特納說：「一次只做一件事，當你做事時則要全神貫注。」

試著改變自己的工作方式，將一件事做好，再去做另一件事，才不致於花了許多時間與精力，最後卻一事無成。

唯有心無旁鶩、專心致力，才能將一件事做到最好；再忙也可以先將要處理的事情做簡單的先後順序排列：重要且緊急的、緊急而不重要的、重要但不緊急的、不重要也不緊急的，一項一項依序處理。

做一件事的時候，不要費心去想別件事，最後，你將會發現自己無形之中已把絕大多數的事情順利完成了。

忙碌，要忙得有價值，畢竟生命的美好，不應該在庸庸碌碌之中浪費了，所以，不要常常讓自己沉浸在忙碌的情緒之中，最後模糊了自己的人生目標，成爲一個走不回來的人。

盡全力追求自己的幸福

先為自己期望的幸福人生下個定義吧！然後，
放手一搏，全力追求，那麼，在接近自己目標
的同時，你也會開展視野，看見另一番風景。

我們渴望得到幸福美滿的生活，我們期望能不虞匱乏地擁
有華屋、美服、高尚且受人尊敬的工作、令人稱羨的另一半
……。

夢想是美麗的，但也是空幻的，可是卻能推動人們不斷前
進，爲了滿足自己對幸福的期望，願意不斷努力，以期更加接
近理想的目標。

減肥是令許多人想做卻很難實現的難事，更是胖子們的大
難題。有一家減肥健美俱樂部因爲效果顯著而頗負盛名。

一天，一位胖男子慕名而來，由於他已經有過多次失敗的
經歷了，於是抱著姑且一試的態度問教練到底該怎麼辦。

教練只記下了他的地址，然後告訴他：「回家等候通知，
明天自然會有人告訴你該怎麼做。」

第二天一早，門鈴響了，一位漂亮性感的妙齡女郎站在門

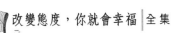

口,對這位胖男子說:「教練吩咐,你要是能追到我,我就是你的。」

胖男子一聽大喜,從此每天早晨女郎從他家門前經過時,他都在女郎後面狂追。如此數月下來,胖男子的身手逐漸矯健起來,早忘了這是為了減肥,只是一心想著,總有一天一定要把那位美麗的姑娘追到手。

有一天,胖男子心想:「今天我一定能追到她了。」於是,早早便起來在門口等著,可是那位姑娘沒來,來的是一位和他以前一樣胖的女士。

胖女士對他說:「教練吩咐,我要能追到你,你就是我的。」

即使現在男子的身材已不同以往,他每天還是得跑,而且得更加賣力地跑,除非他打算很快就被胖女士追到。

人對某個目標有相當程度的慾望的時候,才可能產生所謂的動力,使目標加速達成,這是一種引力。

人面對自己排斥的事物的時候,同樣也會以相同的速度逃離,這無疑就是一種抗力了。

故事中的教練成功地掌握了人們在面對心儀的對象時,會特別重視自己身材條件的心理,也善用了人們對慾望追求的動機;因為心之所向,便不覺辛苦了,跑起來還更有一種追求幸福的錯覺。

拿破崙曾經說過一段話勉勵世人:「只要腦袋可以想像的,只要心所相信的,就一定會實現。」

　　人的每一個行動，都來自他的想法。所以，不要放棄自己
對於幸福的想望，不論目標多麼遙遠，過程多麼困難辛苦，當
你用盡全力行動的時候，希望總有實現的機會。

　　改變心境就能改變自己的人生，如果你不知道該從什麼地
方出發，或許也可以先想想自己不要什麼，說不定方法很快就
會出現。

　　總之，先為自己期望的幸福人生下個定義吧！然後，放手
一搏，全力追求，那麼，在接近自己目標的同時，你也會開展
視野，看見另一番風景。

量力而為，才是真正的成功

遇事要冷靜，先擬妥計劃，設定目標時更要
實際，仔細衡量自己的能力，不要奢想自己
根本做不到的行動。

英雄人人想做，但英雄可不是人人都做得到的。除了要有
機緣，還得要有足夠的實力才行。

當一個可能成爲英雄的機會來到你的面前時，你會如何抉
擇？是不顧一切，只爲了求得成功？還是先掂掂自己的分量，
再考慮要不要做、該如何做，以免英雄當不成，卻成了十足的
狗熊？

貝爾納是一位法國著名的作家，一生中創作了大量的小說
和劇本，在法國影劇史上佔有極重要的地位。

有一次，一家法國報社安排了一次有獎徵答比賽，請讀者
將答案寄到報社，再由報社選出內容最佳的答案，獲選人可以
得到一筆鉅額獎金。

其中有這麼個題目：「如果法國最大的博物館羅浮宮失火
了，情況相當緊急，只允許搶救出一幅畫，你會搶哪一幅？」

　　結果，在成千上萬的回答中，貝爾納以最佳答案獲得該題
的獎金。

　　他的回答是：「我搶離出口最近的那幅畫。」

　　羅浮宮的藝術品，當然是世界珍寶。但是，若爲了搶救最
爲珍貴的一幅畫而陷入重重危機，甚至使自己喪失寶貴的性命，
那麼即使是世界珍寶也同樣成了廢紙，不是嗎？

　　貝爾納答得好，要在自己確保安全的狀態下，盡力求得最
大的效益，才是最正確的做法，如此不但保全了一幅珍貴的畫
作，更保全了自己的生命。

　　所謂「兩害相權取其輕，兩利相權取其重」，如果能夠運
用智慧，使事情得以兩全，魚和熊掌都想辦法得到，那是再好
不過的了。

　　突如其來的狀況或是事態急迫時，特別容易讓人心慌意亂，
如果不能冷靜下來想妥辦法，當然難以隨機應變。

　　所以，遇事要冷靜，先擬妥計劃，設定目標時更要實際，
仔細衡量自己的能力，不要奢想自己根本做不到的行動。然後，
把握住時機，全力衝刺，拚勁一搏，得到的結果，說不定比自
己原先預期的還要好。

　　凡事先量力而爲，踩著踏實的腳步，一步接著一步地前進，
完成一個目標，再邁向下一個目標，那麼不論如何，都已經達
成一個目標了，能夠掌握在手裡的成功，才是最眞實的。

　　有人說過，人生就如一場棒球賽，場上有一個個壘包，是
每一個人生階段的重要目標，只要打擊出去，不論擊出的是安

打或全壘打，一定得踩過每一個壘包，安全奔回本壘後，才能算得分。

其實，就算不是強打選手，就算不能擊出全壘打，只要有機會站上壘包，就有機會爲隊伍得到分數。

不要過分膨脹自己，也沒有必要過度貶抑自己，重要的是，要清楚地認識自己，全力執行好教練交代給自己的戰術。

大膽假設，就能創造特色

大膽地做不同的假設，勇敢地嘗試新方法，
營造對方的需求，突顯特色與附加價值，自
然就增添了不少的吸引力，成功的機率也就
更大了。

詩人席勒曾說：「唯有適時改變的人，才能做出各種人生
美夢。」

現實往往是夢想造就的結果，想要在困局中找到出路，有
時就必須改變自己的思路，才能讓夢想的河流，沖刷出讓人意
料不到的嶄新河道。

在競爭激烈的商業社會，從事行銷工作更應該時時改變自
己的思路。

賣東西要有技巧的，不但要賣得好，更要讓人買得高興，
才是雙贏的成功銷售，也才是永續經營的不二法門。

有一家大公司，高薪招聘營銷主管，一時間報名者雲集。

面對眾多應徵者，負責招聘主管的人說：「相馬不如賽馬，
爲了能選拔出高素質的營銷人員，我們出一道實踐性的試題，
就是以十日爲限，想辦法把木梳賣給和尚，賣得最多的人入

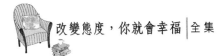
選。」

出家人剃度為僧，一根頭髮也沒有，要木梳有何用處？出這種題目，豈不是精神錯亂，拿人開玩笑？沒多久，應徵的人接連拂袖而去，幾乎散盡，最後只剩下三個人：小伊、小石和小錢。

十日期限到了，負責人問小伊：「賣出多少？」

小伊回答：「一把。」

「怎麼賣的？」

小伊便滔滔講述他歷盡千辛萬苦，以及受到眾和尚責罵和追打的委屈。接著他又說，幸好在下山途中，遇到一個小和尚一邊曬著太陽，一邊使勁搔著又髒又厚的頭皮。他靈機一動，趕忙遞上了木梳，小和尚用了之後滿心歡喜，於是買下一把。

負責人又問小石：「賣出多少？」

小石回答：「十把。」

「怎麼賣的？」

小石說他去了一座名山古剎，由於山高風大，香客的頭髮都被吹亂了。他見狀，於是找到了寺院的住持說：「蓬頭垢面是對佛祖、菩薩不敬，應該在香案前放把木梳，供善男信女梳理頭髮。」

住持採納了小石的建議。附近山裡共有十座廟，於是小石用同樣的說詞，推銷了十把木梳。

負責人又問小錢：「賣出多少？」

小錢回答：「一千把。」

負責人不禁驚問：「怎麼賣的？」

小錢說他到一個頗具盛名、香火極旺的深山寶剎，見到朝

聖者如雲，信眾絡繹不絕，便對住持說：「凡是來進香朝拜的
人，都有一顆虔誠之心，貴寶剎應有所回贈，以做紀念，保佑
信眾平安吉祥，鼓勵他們多做善事。我有一批木梳，你先寫上
『積善梳』三個字，然後便可當做贈品。」

　　住持聽了大喜，立即買下一千把木梳，並請小錢住下，共
同出席了首次贈送「積善梳」的儀式。得到「積善梳」的信眾
與香客相當高興，一傳十、十傳百，朝聖者更多，香火也更旺。
住持還希望小錢再多賣一些不同的木梳，以便贈給各種類型的
信眾與香客。

　　做生意確實是一門大學問，想要完成不可能的任務和交易，
更要有超越他人的思考模式。

　　故事中的小伊執著於銷售的對象，所以只賣出一把梳子，
最後產品還失去了原本的功用。這在銷售上其實是失敗的，因
為使用者不會再繼續光顧，只能做一次的銷售。

　　而小石卻進一步地擴張銷售方向，並強化了產品的特質，
只是客群實屬小眾，還是感受不出需求。

　　至於小錢則是大大地推廣，尋找出所有的隱藏顧客，同時
創造出顧客的需求，營造出一種流行，只是加上小小的變化，
就使得商品的價值大大提昇，無疑是成功的銷售實例。

　　拘泥於固定的想法，就會讓自己的行動受限，當然也就難
以開創新局。倒不如試著改變思考模式，大膽地做不同的假設，
勇敢地嘗試新方法，營造對方的需求，突顯產品的特色與附加
價值，自然就增添了不少的吸引力，成功的機率也就更大了。

重視小處，就可以明瞭整個態勢

唯有將各種相關的資訊全部收集起來，才能針對自己的優勢和對方的弱點安排出有效的戰略，順利的話還可以「以小搏大」，以最經濟的方式達到目的。

作家肯尼斯·古地曾說：「如果你能從別人的角度多想想，就不難找到妥善處理問題的方法。」

確實，不論遭遇什麼難題，試著從各個角度觀察，往往就可以找出解決的方法。很多時候，重視細微之處，更能明瞭整體態勢。

改變自己的視野，很多難題都會迎刃而解。如果我們用不同的角度去看待眼前的問題，那麼最後所得出的答案，勢必也會有所不同。

所謂「知己知彼，百戰百勝」，唯有改變角度才能全盤了解狀況，才有可能運籌帷幄，一舉成功。

換句話說，也就是想要成功，情報工作一定要做得好。

美國雪佛隆公司是一家專門生產飲料的企業。為了將產品打入亞歷桑那州土珊市，該公司事先委託亞歷桑那大學人類學

教授威廉‧雷茲對土珊市的飲料市場進行研究。

　　一年之後，威廉‧雷茲教授指著一大堆垃圾，對雪佛隆公司的老闆說：「垃圾袋絕不會說謊和弄虛作假，事實證明，什麼樣的人就丟什麼樣的垃圾，想了解消費者的消費模式和習慣，查看他們丟棄的垃圾，無疑是最有效的調查研究方法。」

　　他按照垃圾原產品的分類、名稱、重量、數量、包裝，對土珊市進行研究，很快地便分析出有關當地食品消費情況。

　　他做了這樣的結論：

　　一、勞動階層所喝的進口啤酒，比收入較高的白領階層多；

　　二、中等階層人士比其他階層浪費的食物更多，依照垃圾的分類重量計算，在他們丟棄的食物中，有百分之十五是還可以吃的食品，但因為夫妻都要上班，而且生活太匆忙了，以致沒有時間處理剩餘的食物。

　　三、透過對垃圾內容的分析，得知減肥清涼飲料與壓榨的橘子汁，屬於高層收入人士的嗜好消費品。

　　雪佛隆公司的老闆把這份報告當做教科書，並且依據威廉‧雷茲教授的調查結果擬定飲料的產銷戰略，果然一擊奏效，雪佛隆的飲料成功地打入土珊市的飲料市場。

　　米開朗基羅曾經說：「把所有的細節加起來，就變得更完美了。」

　　所以，有時候重視小處，就可以明瞭整個態勢。

　　所謂「凡走過必留下痕跡」，就是威廉‧雷茲調查研究消費習慣的主要出發點，因為人們所製造出來的垃圾，就是本身

生活和消費的軌跡，吃什麼、用什麼一覽無遺。

　　所以，從垃圾堆的分析中，就可以看出這個地區的人們主要的生活模式和消費習慣。而掌握了這些訊息，就可以從中看出他們的喜惡，甚至是對商品的態度與期望，進而擬定出一套「投其所好」的產銷策略，才有機會一戰成功。一旦做足了萬全的準備，便能夠從容應戰。

　　也就是說，蒐集情報的工作不可馬虎，因為這項工作攸關著成敗。唯有將各種相關的資訊全部收集起來，進行歸納、分析，才能針對自己的優勢和對方的弱點擬定出有效的戰略，順利的話還可以「以小搏大」，以最經濟的方式，達到自己想要的目的。

選擇結果就無須在乎過程

唯有靈活應變，多方觀察，從別人想不到的
方向去設想，才能搜尋出一條最好、最便
利、最有成效的道路，輕鬆脫離泥淖，達成
既定目標。

　　事情若是只看表面，很容易受到蒙蔽，所謂「以貌取人，
失之子羽」指的就是這個意思。

　　人與人之間的相處，有「相形不如論心，論心不如擇術」
的道理存在。與其只觀察一個人的外貌或表象，不如了解他的
內心，而要了解他的內心，不如看他的實際表現。

　　其實，有時做事也可以好好地運用這個方法。

　　一位猶太富豪走進一家銀行，來到貸款部前，大模大樣地
坐了下來。

　　「請問先生，您有什麼事情需要我們效勞嗎？」貸款部經
理一邊小心地詢問，一邊打量來人的穿著：名貴的西服、高檔
的皮鞋、昂貴的手錶，還有鑲寶石的領帶夾……。

　　「我想借點錢。」富豪開口說。

　　「當然可以，您想借多少呢？」貸款部經理端出專業的笑

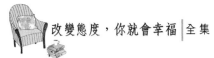

容，打算爲這位看來是大戶的客人服務。

「一美元。」

「只借一美元？」貸款部經理不禁驚愕了。

「我只需要一美元，可以嗎？」

「當然，只要有擔保，要借多少，我們都可以照辦。」

「很好。」猶太人從豪華的皮包裡取出一大堆股票、債券等放在桌上：「那麼，用這些東西來做擔保可以嗎？」

經理仔細地清點了一下，「先生，這些總共價值五十萬美元，擔保綽綽有餘了，不過，您眞的只要借一美元嗎？」

「是的。」猶太商人面無表情地說。

「好吧，那我們到那邊辦手續吧，年息爲百分之六，只要您支付百分之六的利息，並於一年後歸還本金，我們就把這些充作擔保品的股票和有價證券還給您……」

「謝謝。」猶太富豪辦完手續，便準備離去。

一直在一邊冷眼旁觀的銀行總經理怎麼也弄不明白，一個擁有五十萬美元的人，怎麼會跑到銀行來借一美元呢？他從後面追了上去，有些窘迫地說：「對不起，先生，可以請問您一個問題嗎？」

「你想問什麼？」

「我是這家銀行的總經理，我實在搞不懂，你擁有五十萬美元的財產，爲什麼只借區區一美元呢？若是您想借四十萬美元的話，我們也會很樂意爲您服務的……」

「既然你問起，我不妨把實情告訴你。我來這裡，是要處理一件公務，可是要隨身攜帶的這些票券實在很礙事，我問過幾家金庫，打算租他們的保險箱，但是租金都很昂貴。我知道

貴行的保全工作做得很好，所以，就將這些東西以擔保的形式
寄存在貴行了，由你們替我保管，我還有什麼不放心呢！況且
利息很便宜，存一年才不過六美分⋯⋯」

你要說這名猶太富豪老奸巨猾也可以，但我倒以爲他是個
相當聰明的人，難怪有能力擁有那麼多的財富。因爲，他懂得
掌握對自己最有利的資訊，做出最正確的判斷。

摒除既定的成見，其實做起事來會有更大的揮灑空間。反
其道而行，更容易奏收出其不意之效，反正猶太富豪的東西橫
豎是要放在銀行的金庫，辦了貸款付利息，比起繳納昂貴的保
管金來說，顯得微不足道多了。

當你重視的是結果時，比較起來，過程也就不是那麼重要
了。處理事情的方法有千百種，腦筋不懂得轉彎的話，就容易
走進死胡同；唯有靈活應變，多方觀察，從別人想不到的方向
去設想，才能搜尋出一條最好、最便利、最有成效的道路，輕
鬆脫離泥淖，達成既定目標。

每一個選擇都必須付出代價

每一件事都有代價，當你做決定時，不妨先想想自己需要付出些什麼代價，因為最後你一定要為自己的選擇付出代價，不論你是否承受得起。

法國作家薩爾丹曾經寫道：「愛就是無限的寬容，些許之事也能帶來喜悅；愛就是無意識的善意，自我的徹底忘卻。」

生命中有很多心愛的人、事、物對我們來說都很重要，有時甚至無法為它們的重要性劃分出任何等級。

有一個古老的難題：當你的母親、妻子、孩子都掉進水中的時候，你應該先去救誰？

不同的人總會有不同答案，眾說紛云。

哲學家們曾經就不同的答案深入地分析，說明不同的人有著思想、靈魂、價值觀念……等等的重大差異。只是，這些分析並不真的能告訴我們，究竟該救哪一個才對。

有一位農民被迫要從中做出抉擇，或許我們可以聽聽他的答案。

農民的村莊被洪水沖沒，在滾滾洪濤中，他只救出了他的

妻子，而孩子和母親都被水沖得不見蹤影。

事後，周遭的人七嘴八舌，有的說救對了，有的說救錯了，有人說該救母親，而有人卻堅持應該救孩子才正確。

哲學家問農民當時究竟是怎麼想的。

農民歎了一口氣，回答說：「當時，我什麼也沒想。洪水來的時候，妻子正在我身邊，我連忙抓住她就往高處游。當我要回頭再救母親和孩子時，他們都被沖走了。」

或許，這個問題根本不會有所謂的正確答案。

就像農民所說，在事情發生當時，根本無法多想誰最重要這個問題，因為三個人都很重要，如果可以的話，他會希望三個人都存活，不會因為失去任何一個而有遺憾。

但是，在當時的緊急狀況下，他只能選擇自己救得到的，至少他可以欣慰還救到了一人。

生命的歷程迅速無常，每個人都會遭遇不幸和痛苦，重點就在於用什麼態度面對突如其來的變局。

管理大師彼得‧杜拉克曾說：「遭逢變局時，我們必須要以謹慎、一致、誠實的態度來處理基本問題，並且要一直保持這種態度。」

或許，問題的重點並非在於究竟該救誰才對，而是像彼得‧杜拉克所說的，我們在面對生命中難以抉擇的問題的時候，是否能臨危不亂、果斷明快，不會因為猶豫不決而失去了先機，造成更多懊悔。

改變想法，就會改變你的做法！

　　每一件事都有代價，當你要做決定之前，不妨先想想自己可能需要付出些什麼代價，因為最後你一定要為自己的選擇付出代價，不論這個代價你是否承受得起。

　　如果能真正體會出「自己一定得付出代價」的道理，相信也就能平心靜氣地處理種種生活上的難題了。

講求公平就是保障自己的利益

人都不免會以自己為最優先，而擁有一定權力
地位時，更難做到絕對的公平，久而久之一定
會慢慢地被權力誘惑而失去原本的準則。

　　莎士比亞在《一報還一報》裡說：「過度的飽食有傷胃口，
毫無節制的放縱，會使人失去自由。正像餓鼠吞嚥毒餌一樣，
人為了滿足天性中的慾念，也飲鴆止渴，送了自己的性命。」

　　自私是人的本性，也因此利他的行為才會被人視為偉大的
行徑，因為當利益出現了衝突時，必須先克服個人私心的慾望，
才能滿足他人，這嚴格來說，的確是違反人性。

　　權力，同樣是人類嚮往的慾望之一；當人掌握了權力，就
很難和自己的私心拉鋸，以保持公正不阿的行事態度。所以，
對於權力制約的制度問題一直是人類頭疼的難題。

　　以下的故事，或許能讓我們看出些端倪。

　　有七個人組成了一個小團體共同生活，每個人都是平凡而
平等，沒有什麼害人之心，但不免自私自利。

　　他們想用非暴力的方式，透過制定制度來解決每天的吃飯

問題——分食一鍋粥，但並沒有測量工具或有刻度的容器。

大家分別發揮了聰明才智，反覆試驗了不同的方法，最後才終於形成了一套完善的分配制度。

剛開始，只交由一個人來負責分粥事宜。但很快大家就發現，這個人老是自己分得的粥最多，於是一番討論後又換了一個人，可是最後的結果總是負責分粥的人碗裡的粥最多、最好。

可見每個人都私心自用，權力導致腐敗，絕對的權力帶來絕對的腐敗。

後來，大家改為輪流擔任分粥的負責人，每人一天。

這樣等於讓每個人都有為自己多分粥的權力和機會。雖然表面上看起來每個人都平等了，但是實際上每個人在一週中只有一天吃得飽而且有剩餘，其餘六天都得忍受飢餓。

很明顯的，這種方式其實造成了資源浪費。

接下來，大家改為選舉出一個信得過的人來負責分粥。剛開始，這位品德受到大家信任的人還能維持公平，但不久後，他就開始為自己和對他逢迎拍馬的人多分了一些，大夥不得不另外尋找新思路。

於是，大家選舉出一個分粥委員和一個監督委員，形成相互監督和相互制約。公平基本上是做到了，可是由於監督委員不斷提出多種議案，分粥委員又會一一據理力爭，等粥分完了，粥也早就涼了。

後來沒辦法，終於決議出由每個人輪流值日分粥，但是分粥的那個人必須要最後一個領粥。

令人驚奇的是，在這個制度下，七個碗裡的粥每次都是一樣多，就像用科學儀器量過一樣。因為，每個主持分粥的人都

心知肚明，如果七個碗裡的粥不相同，他無疑將享有最少的那
分。

這是深悉人性之後，做出的最佳決定。因為，人不為己天
誅地滅，在無法增加自己利益的時候，為了不蒙受損失，因而
願意接受公平；當然，這是在人性本惡的出發點下得出的結果。

任何時候，人都不免會以自己為最優先，而擁有一定權力
地位時，更難做到絕對的公平，就算一開始做得到，久而久之
也一定會慢慢地被權力誘惑而失去原本的準則。

畢竟享受支配他人的權力，確實令人迷醉，即使自己的行
為已經偏頗，也會因為無人敢爭議而成為獨裁。

唯一的制衡方法，或許就是讓做規劃的人沒有決策的權利，
而是要提出多項優秀的建議，讓決策者做出最佳選擇，而每一
個人都有成為決策者和規劃者的權利與義務。

這也就是故事中最完美的分粥方式，因為採取公平的手段
就是保障自己利益的最佳方案。

10.

信念足以影響你的一生

赫胥黎說：

「人生不是受環境支配，而是受思想擺佈。」

心靈的力量是很驚人的，

我們的心靈不只能夠左右我們的行為，

更能主宰生命。

要做自己最拿手的事

一個人不可能面面俱到、十全十美，成功的關鍵在於努力把自己的特長發揮到極致，而把不足之處的危害降到最小。

我們應該要勇於嘗試各種事物，挑戰自己的潛力，激發自己的潛能。

然而，嘗試和挑戰之時，我們也更應該認清自己的實力與當下的處境，不要貪功躁進，因為，漠視自己能力不足之處，盲目追求的結果，可能將導致自己付出難以承受的代價。

每個人都有某方面厲害的本事，每個人也有自己不擅長之處，如果不能夠充分了解自己的長處與才能，並加以靈活運用，而異想天開地學別人或是要求別人與自己一般，都必然會遭遇慘重的挫折！

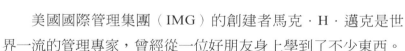

美國國際管理集團（IMG）的創建者馬克‧H‧邁克是世界一流的管理專家，曾經從一位好朋友身上學到了不少東西。

他的這位朋友是一位出類拔萃的推銷員，只要他一出面，魅力就擴散到每個角落，顧客只有把錢花光才會離開。

　　不過，他的長處卻僅此處一點，在其他方面，諸如組織、資金使用、鼓勵部下、業務企劃……等等方面都一竅不通。這種人可以成為一位銷售明星，但絕無法成為一位優秀的企業家。然而，這位先生卻高估了自己的能力，連續十年不斷地創建新公司，結局當然是一家一家地關閉。

　　原因就在於，他以為自己非凡的銷售才能是人人都具備的；對他來說，銷售是最簡單不過的工作，於是他認為這對別人來說也一樣容易。

　　所以，他端坐辦公室，反而讓別人出去跑業務，但是他的管理能力不佳，致使員工不能因才適任，結果公司裡沒有一個人能發揮自己的特長，每個人都在做自己不擅長的工作。

　　公司的績效可想而知，最後當然只有倒閉一途。

　　一個人不可能面面俱到、十全十美，成功的關鍵在於努力把自己的特長發揮到極致，而把不足之處的危害降到最小。

　　如果把精力全部花在提高弱項方面，非但收效甚微，而且還會影響到別的方面，成為一個毫無特色的人，自然也就難有建樹。「人盡其才，因才適用」才能成就一個有規模、有體制的公司。

　　比如說，一個可以創造高銷售業績的業務員，你要他坐在辦公室裡記帳、做報表，而一個財務人才，你卻要他去拜訪客戶推銷商品。結果呢？帳目報表一塌糊塗、業績也是少得可憐，這樣的一個團隊如何能使公司成長，使營收增加呢？一個頂尖的管理者必須要有非凡的識人眼光，懂得因才適用，將人才有

效地放在適合的位置上。

　　沒有辦法接受自己的缺點，很容易讓自己因為逞強而陷入困境，就好像故事裡的主角，因為不相信自己沒有管理的能力，而堅持親自經營公司企業，導致事事不順，一事無成。

　　他也因為相信別人一定會有和自己相同的銷售能力，因而錯用人才，最後，每個人都受到了傷害，大家都面對了層出不窮的挫折。

　　不要忘了，知己知彼才能百戰百勝，首要的工作就是要認清自己，唯有認清自己的能力，才不會浪費時間與精力。你的優點，可能是別人的不足之處；別人的長才，也許是你有待加強的弱點。唯有彼此幫助，互信互補，才能共創良好的績效，這就是團隊合作的優勢。如果自恃本身的才能，又輕忽自己的短處與盲點，那麼失敗的風險可就大得多了。

信念足以影響你的一生

赫胥黎說：「人生不是受環境支配，而是受思
想擺佈。」心靈的力量是很驚人的，我們的心
靈不只能夠左右我們的行為，更能主宰生命。

詩人荷馬曾經在史詩中寫道：「如果能在希望中獲得力量，
當然在絕望中，同樣也能獲得。」

通常，當我們陷入絕望境地的時候，往往會對未來抱著悲
觀和沮喪，但是，假如我們可以改變心態，把絕望當成是希望
來臨之前的曙光，那麼我們即可輕輕鬆鬆地改變原本不被我們
看好的未來。

我們應該相信，我們擁有無限的可能性。

每一個人都有可能成為英雄，當然也可能成為庸碌的狗熊，
差別就在於我們是否能改變心境，相信自己擁有最大的可能性。
一念之間所做下的決定，結局可能是雲泥兩隔的差別。

一個嗜酒如命且毒癮很深的人，一次在酒吧裡因為看一個
侍者不順眼而犯下殺人罪，被判終身監禁。

他有兩個兒子，年齡相差一歲，當他們長大成人之後，其

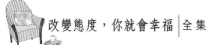
中一個與父親同樣毒癮甚重，依靠偷竊和勒索爲生，後來也因殺人而坐牢。

但另外一個兒子卻既不喝酒也未嗜毒，不僅有美滿的婚姻，養了三個可愛的孩子，還擁有一分穩定可靠的工作。

有人私下訪問他們，造成他們現狀的原因，想不到兩人的答案竟然相同：「有這樣的老子，我還能有什麼辦法？」

另外，有兩名年屆七十歲的老太太，其中一名認爲自己活到了這個年紀，已算是人生的盡頭，於是便開始準備料理後事，時時擔心死神不知什麼時候會上門來找她。

這個老太太每天都活在無望和哀傷的歎息裡，所以精神日益萎靡，後來因爲一點點併發症，就認爲自己已經沒救了，沒有好好調養的結果，果然沒多久就蒙主寵召了。

而另一位老太太卻認爲，一個人能做什麼事根本與年齡大小無關，而在於個人的想法。她在七十歲高齡之際開始學習登山，而在往後的二十五年裡，不斷地冒險攀登高山，還曾以九十五歲高齡登上了日本的富士山，打破了攀登此山的最高年齡紀錄。

她就是著名的胡達‧克魯斯老太太。

赫胥黎說：「人生不是受環境支配，而是受思想擺佈。」

心靈的力量是很驚人的，我們的心靈不只能夠左右我們的行爲，更能主宰生命，只要改變心境，就能改變自己的人生。

就像第一個故事裡的兄弟，他們有著相同的成長背景、同樣冷酷無情的父親，糟糕至極的生活方式與生活環境，但是兩

個人面對問題的心態不同，處理事情的方式截然不同，他們的
未來當然也就截然不同。

一個怨天怨地，放任自己同流合污，因爲有這樣的先天背
景，大概很難跳脫命中註定的悲劇，於是他走上了父親的老路；
而另一個卻認爲，自己有這樣的過去已經夠慘了，難道還要有
同樣的未來嗎？所以，他拼盡全力要逃脫他原本宿命，最後終
於走出自己的一片藍天。

又如同第二個故事裡的兩位老太太，一個認爲人生七十古
來稀，這樣的一生也就足夠了，髮禿齒搖，反正也沒辦法再做
些什麼了，完全被消極的想法控制，生活過得灰暗極了，結局
當然是拖著身體一步一步地走進棺材裡。但是，另一位老太太，
也就是胡達．克魯斯，卻絲毫不以爲年紀到了七十歲對自己有
什麼影響，所謂人生七十才開始，許多事情雖然是年輕人在做，
卻不代表年紀大的人就不能參與，她以自己的信心與毅力，證
實了即使年紀再大，還是可以開創出無窮的可能性。

莎士比亞曾說：「年齡不能表示人的老小，韶光推移，並
不能使你自傷老大；誰能肯定八十歲不能朝氣蓬勃，十八歲不
會暮氣沉沉。」

面對人生接踵而來的問題，不妨嘗試以正面的態度迎擊，
堅持自己的信念，相信自己有最大的可能性，就算不能立刻解
決所有的問題，但至少能讓你冷靜下來，去觀察、去尋找有利
的機會。

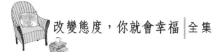
站在對方的立場上設想

想要得到致勝關鍵，就要先站在對方的立場上設想，幾番沙盤推演下來，就容易掌握對方的心理，無論要投其所好或要是請君入甕，都會輕鬆許多。

如果有一條商業街，或路邊有一溜大排檔舖位出租，你想租一個舖位開店，那麼，租哪段位置的舖位最好呢？

許多人多半會有這樣的想法：租路口或街口當頭第一家，率先截住顧客，生意一定最好！

如果你這樣選擇，那就錯了，因為老闆的心理不等同於顧客的心理，老闆想多賺錢而顧客卻想少花錢，兩者恰恰是相反的，想要生意好，就必須從顧客的心理去做考量。

有人做過這麼一個小實驗。

某個班級分到兩張音樂會的門票，大家都想去，於是只好抽籤決定。籤做好後，班長耍了個小花招，將籤排成一排，讓同學們先抽以示公平，表示剩下的最後一張才是他的，而且他有把握他一定能拿到票。

同學們一個個把籤抽走，打開全是空白，最後，一行籤僅

剩下第一張和最後一張，兩張果然都寫著「有」字，可見班長
並沒有騙人，他也如願得到了自己想要的一張票。

其實，班長只運用了一個小小的心理遊戲，因為大家都會
覺得，每張籤中獎的機率差不多，而且多半會想：不可能那麼
湊巧，兩張票就會落在最前和最後！於是，在沒有特別心理提
示的情況下，絕大多數人都覺得從中間隨手抽一張機會大些。

當顧客走進商業街時，通常不甘心在第一家店便成交，總
得走走看看，貨比三家，生怕自己上當。等走得差不多了，看
也看過了，比也比過了，便會回頭找一家成交，但通常不是最
前和最後。

當然，這裡說的是指一般情況，如果你經營得特別好或特
別差，已在熟客中造成了很大的聲譽差距，情況就會發生變化。

而在價格幾乎一律相同的日用小攤，如青菜攤、涼茶攤之
類情況則與此相反，是距離顧客越方便的攤位越好。

換句話說，想要得到致勝關鍵，就要先站在對方的立場上
設想，幾番沙盤推演下來，就容易掌握對方的心理，無論是投
其所好或要是請君入甕，都會輕鬆許多，這就是知己知彼的道
理。

但反過來看，如果不想成為一個容易被人看透的透明人，
最好活用自己的腦袋，不要只會依著別人走過的老路去走，才
不會陷入既定的窠臼之中，剛走一步，後頭的計劃就被猜得十
成十。

就好像下一盤棋，下法可有千百萬種，如果只會依著定石、

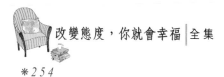

排著棋譜，對手只要預先阻止了你的佈局，你就沒有任何成功
的機會了。

　　某位軍事家曾說：「在戰略上輕蔑你的敵人，在戰場上重
視你的敵人。」

　　總之，你必須先做好萬全的準備，不論先攻或後攻，都要
穩穩地站著，以沉穩的氣魄迎戰生命的每一個難題。

培養真材實料的魄力

唯有積極累積自己的實力，擬定完善的作戰
策略，選定時機主動出擊，充分展現自己，
才能打一場漂亮的勝仗，令眾人心服口服。

所謂「真材實料，不怕貨比三家」，自我的價值同樣也來
自於自我的肯定，對自己的能力充滿自信，就不怕任何的試煉
和比較。除此之外，甚至還要主動出擊，強化自己在別人眼中
的印象。

有一位管理專家李艾米，曾經去拜訪伯利恆鋼鐵公司的總
裁查理‧施瓦伯先生。李艾米表示，只要讓他與伯利恆公司裡
的每位經理談上十五分鐘，他就有辦法改善該公司的工作效率，
並大幅增加公司的銷售額。

施瓦伯問：「這要花多少錢？」

李艾米說：「你不用馬上給我錢，等你認為有效果了，你
覺得該值多少錢，寄張支票給我就行了。」

施瓦伯同意了。於是，李艾米與每位經理都談了十五分鐘，
談話的內容很簡單，只要求他們在每日終了時，將次日需完成

的六件最重要的工作寫下來，並依重要性順序編號。

　　李艾米並交代每位經理，次日早晨從表上的第一件工作開始做，每完成一項便將它從表上劃去；若有當日未完成的工作，則必須列入次日的表中。李艾米鄭重要求每位經理必須確實執行三個月。

　　三個月後，查理‧施瓦伯寄了一張三萬五千美元的支票給李艾米，這是他認為值得為此觀念付出的代價。

　　如果李艾米不是對自己的做法有十足的自信，恐怕不敢就這麼找上門去毛遂自薦吧。他不擔心自己得不到回報，是因為他對自己的理論胸有成竹，絕對不是胡亂吹牛，只要每一位經理都能確實執行，在管理上一定會有立竿見影的成效，公司得到良好的效益，老闆當然樂意付錢。

　　在職場上，我們也應該有這樣的魄力，但這並非是指初生之犢不怕虎的傻勁，也不是莽撞的匹夫之勇，而是備足實力的自信心。

　　唯有積極累積自己的實力，擬定完善的作戰策略，選定時機主動出擊，充分展現自己，才能打一場漂亮的勝仗，令眾人心服口服。當你的實力創下口碑之後，機會將會源源不絕而來，成功也將陳列在你的眼前。

有些事物計算不出價值

金恩博士說過：「我們被彼此相關的命運緊緊
地綑綁住，誰都無法逃脫。任何可以直接影響
一個人的事物，也能直接影響所有人。」

慾望或許是一股改變人生航路的強大力量，但是，慾望必
須適度，並且運用得當，否則就會把我們牽引至錯誤的方向。

在功利主義的教育下，我們學會以價值來看待事物，久而
久之不禁忘了，有許多事物是計算不出價值的，或許我們可稱
之為「無價之寶」吧！

曾經有一位印度教授發表一篇論文，文中他以神奇的計算
方式，算出了一棵樹的價值。他用了各種公式，得出的結論是，
一棵生長五十年的樹，一年對人類的貢獻高達十幾萬美元。

其中，產生的氧氣價值是三萬一千二百美元，防止大氣層
遭到污染的價值是六萬二千五百美元，防止土壤侵蝕、增加地
力的價值是三萬一千二百五十美元，涵養水分等的價值是二千
五百美元。

當這位印度教授計算出一棵樹的價值的同時，其實也讓我

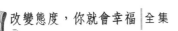
們看到了人類思維模式的悲劇——將一切換算成鈔票的面值，彷彿唯有這樣，才能看得出事物的價值。然而，一棵樹真的只是因為對人類有著這些好處，所以才有存在的價值嗎？

這個問題實在很值得我們細細去思考，因為長久以來，我們一直以這樣的思考模式去對待自然界的萬物，也以這樣的方式在毀壞環境與生態。

為了建造更多的房舍，所以將山剷平，將樹木推倒，因為培養一棵樹的附加價值比不上蓋一棟房子。為了減低工廠的營運成本，所以廢氣廢水只要排出去就好了，因為處理污染的作業，將會減損工廠的營收利潤……。

我們總是自私地只為自己著想，因為大自然沒有嘴巴，極度寬容地不會直接向我們抗議，所以我們放縱自己恣意妄為。直到大自然無法承受，生態平衡遭到破壞，人類只有等著品嘗自己親手所造成的苦果。我們人類不過是渺小的自然界萬物之一，是無法計算出大自然所具有的價值的。

金恩博士說過：「我們被彼此相關的命運緊緊地綑綁住，誰都無法逃脫。任何可以直接影響一個人的事物，也能直接影響所有人。」

或許，我們應該將這句話更加擴大，任何可以直接影響生態的事物，最後也一定能直接影響整個自然界。或許，只有這樣的結論，才會讓我們更加警惕，從根本去改變我們的想法與做法。

創造自我生命的價值

別再埋怨，往前看，自然會對自己產生信
心，進而看重自己、珍惜自己、喜歡自己，
那麼你將會如寶石一樣閃耀。

我們很容易看到別人的優點，很容易羨慕別人，卻常常忘
記自己其實並不一定一無是處，只要有心，也能夠發散出儡人
的光芒。怕的是對自己沒有信心，怕的是只知道自怨自艾。

當我們遭遇到挫折與失敗的時候，只會看見自己的缺點與
短處，在沮喪的心情加乘之下，結果什麼事情也做不好，造成
了惡性循環。

當然，沒有人是完美無缺的，然而，不要忘了，也沒有人
是渾身缺點的。以下的故事，或許可以讓我們從另一個角度去
思索生命的價值。

有一個小男孩從小生長在孤兒院裡，因為對自己的身世感
到自卑，常常悲觀地問院長：「院長，像我這樣沒人要的孩子，
活著究竟有什麼意義呢？」

然而，院長總是笑而不答。

有一天，院長交給男孩一塊石頭，說：「明天早上，你拿這塊石頭到市場上去賣，但千萬記住，無論別人出價多少錢，你絕對不能賣。」

第二天，男孩拿著石頭，就蹲在市場的角落，意外地發現竟然有不少人對他的石頭感到興趣，而且愈來愈多人競爭，價錢也愈出愈高。男孩聽從院長的交代，始終沒有將石頭賣出，只讓圍觀者和競標者不斷爭相叫價。

一天過完，男孩興奮地回到院裡，向院長報告這一天的奇特遭遇。但是，院長聽了只是笑笑，要他隔天再把石頭拿到黃金市場去賣。

在販售黃金的市場上，也有人想出價買這塊石頭，但男孩還是打定主意不賣，後來竟飆漲到比昨天高出十倍的價錢。

最後，院長叫孩子把石頭拿到寶石市場上去展示，結果，石頭的身價又翻漲了十倍，由於男孩堅決不賣，這石頭竟被傳揚為「稀世珍寶」。

男孩興沖沖地捧著石頭回到孤兒院，問院長為什麼會這樣。

這次，院長沒有笑，而是望著男孩慢慢說道：「生命的價值就像這塊石頭一樣，在不同的環境下就會有不同的意義。一塊不起眼的石頭，由於你的珍惜、惜售提升了它的價值，最後還被傳為稀世珍寶。你不也像這塊石頭一樣嗎？只要自己看重自己，自我珍惜，生命就會有意義、有價值。」

柴契爾夫人認為：「每一個人都完全不一樣，重點是你必須開發自己的特性，發揮你的長處。」

　　每個人在一生中難免都會遭受到許多不同的挫折，挫敗的當時可能會心生絕望，認為自己一無是處。看到別人的風光時，會更加怨天尤人，覺得上天不公平，怎麼只有自己是這樣的無助可憐。

　　然而，自怨自艾並沒有辦法改變現狀，反而會使情況變糟。

　　其實，每個人風光背後，都潛藏著不為人知的辛苦與努力。

　　自我的價值要靠自己的肯定，只有學會愛自己，別人才可能愛你。

　　所以，別再埋怨環境對自己太苛刻，往前看，自然會對自己產生信心，進而看重自己、珍惜自己、喜歡自己，那麼你將會如寶石一樣閃耀，因為自信早已為你披上一身光彩。

模仿不抄襲，創造自己的新風格

比爾・瑪瑞亞自稱：「我未遭遇過失敗，我所碰到的，都是暫時的挫折。」當你面對人生的困難時，能擁有這樣的豪快氣魄嗎？

美國思想家桑塔亞那曾說：「競爭的本能是一種野性的激勵，一個人的優點會透過競爭，從另一個人的缺點顯示出來。」

比較與競爭有時是破壞社會和諧的主因，但有時它也是促進社會不斷向前飛躍的重要助力，全看我們用什麼心境面對。

雖然人人生而平等，但是由於每個人的特質、環境與際遇不同，使得每個個體都截然不同，就算是雙胞胎，命運也不會一模一樣。

先來看一個比來比去的故事。

在一次盛大的宴會上，中國人、俄國人、法國人、德國人、義大利人爭相誇耀自己民族的文化傳統，唯有美國人笑而不語。

為了使自己的表述更加具體，更有說服力，他們紛紛拿出具有民族特色、能夠體現民族悠久歷史的實物——酒，來彼此相敬。

　　中國人首先拿出古色古香、做工精細的茅台，打開瓶蓋，果眞香氣四溢，令眾人嘖嘖稱道。

　　緊接著，俄國人拿出了伏特加，法國人拿出大香檳，義大利人亮出葡萄酒，德國人取出威士忌，各有各的特色。

　　最後，大家將目光投向美國人。只見美國人不慌不忙地站起來，把大家先前拿出的各種酒都倒出一點，兜在一起，說道：「這叫雞尾酒，它體現了美國的民族精神——融合與創造。」

　　這個故事說明了，優點和特色是靠自己去找出來的。

　　就好像美國這個建國不過兩百多年的國家，卻能躍昇爲世界強國，主導全球局勢，自然有其過人之處，但是，要將自己的優點和特色講出來讓別人認同，就有賴說話者的自信了。

　　首先就是不要因爲自己的短處而自卑，而要強化自己的長處。

　　國家新，表示觀念新，沒有包袱，他們可以參考別人的優點與特色，進而創造出自己的風格。

　　國家如此，做人更是如此，不是嗎？

　　想創造自己的風格，要有積極的作爲。就算自己覺得本身沒有什麼優點，那麼，總可以多參考參考別人的各項經驗吧！

　　只要模仿得到別人的眞髓，再加以延伸，增添自己的想法，就算不上抄襲，而且能進一步融會貫通出自己的特色，開創出個人的風格。

　　比爾‧瑪瑞亞曾經自稱：「我未遭遇過失敗，我所碰到的，都是暫時的挫折。」當你面對人生的困難時，能擁有這樣的豪

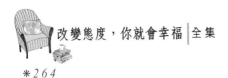
快氣魄嗎？

　　嘗試去將自己的優點記錄下來，不必在乎他人的想法，不管世俗的眼光，相信能夠讓你漸漸快樂起來。

　　如果你不好意思大聲說出來，那麼至少把它記在心裡，當情緒灰暗的時候，拿出來照亮自己。因為，唯有認同自己的優點，才能讓自己產生自信，人也才會漸漸開朗起來。

黃金招牌要掛到底

別人的目光倒是其次，自己心中的懊悔和不
甘願才是讓人最為難受的。不想讓自己落入
別人的陷阱之中，唯一的方法就是堅持自己
的原則。

　　做人做事都要靠口碑，品質達到一定的水準，獲得了眾人
的認同，無形中會增添無窮的助益，讓生意源源不絕。

　　但是，就算是機器也有老舊的一天，人當然也得在某一天
退休。這裡要和大家分享的是，假使打算離開目前的工作崗位，
為了自己好，即使是到了退休當天，也一定要堅持自己追求高
品質的原則。

　　以下這個故事，頗值得大家玩味。

　　有個老木匠一直都以巧手藝、高品質聞名，但是因為年紀
大了，想告別木匠生涯，於是有天便告訴老闆，說自己想要退
休離開建築這個行業，回家與妻子兒女享受天倫之樂。

　　老闆當然捨不得做得一手好活計的木匠離開，於是再三挽
留，但木匠決心已下，堅持不為所動。

　　老闆無奈，只得答應，但要求他是否可以幫忙再建一座房

子，老木匠推辭不過，只好勉為其難接受了。

但是，在蓋房子的過程中，明眼人都看得出來，老木匠的心已不在工作上了，不但用料不再那麼嚴格，做出的活計也全無往日水準。

老闆看了並沒有說什麼，只是在房子建好後，把鑰匙交給了老木匠。

「這是你的房子。」老闆說，「是我打算送給你的禮物。」

老木匠楞住了，同樣，他的後悔與羞愧，大家也都看出來了。想想他這一生蓋了多少好房子，最後卻為自己建了這樣一幢粗製濫造的房子。

在這個故事裡，老木匠是徹底的輸家，因為他雖然得到了一幢房子，卻賠上了自己多年來好不容易累積下來的好聲名，落得晚節不保的下場。

姑且不論老闆是真的原本就有贈屋的打算，還是看到老木匠蓋出的房子沒有預先設想的品質和價值，才故意使了這麼一記回馬槍，讓老木匠自作自受，對老木匠來說，這樣不完美的結果，都是他自己沒有辦法堅持到底，所遺留下來的缺憾。

老闆失去了得力助手，隨時有人可以頂替，眼前的損失，總有一天可以賺得回來，更何況他慷慨贈屋的舉動，已為他贏得體恤員工、照顧下屬的好形象，坦白說，核算起來是利多於弊。

但是，老木匠可就不同了，他本來可以光榮退休，繼續享有專業職人的美名，但就因為一念之差，一時的鬆懈，以致於

全盤皆墨：別人的目光倒是其次，自己心中的懊悔和不甘願才是讓人最為難受的。其實，又不差多少時間，但這樣的退休方式，不免讓人惋惜。

所以，如果不想讓自己落入別人的陷阱之中，唯一的方法就是堅持自己的原則，保持始終如一的態度，不讓別人有可趁之機，更不會有什麼可議之處留人話柄。既然已經下定決心要離開，何不多花費一點點時間與精神，把事情處理得乾淨圓滿？如此一來，好聚好散，大家依然是朋友，對自己來說只有好處沒有壞處，不是嗎？

畢竟，我們很難預測我們什麼時候會需要用到這個人際資源。

用　幽　默　代　替　憤　怒　的　處　世　藝

別讓
不懂幽默
毀了你

The Power of Humor

古羅馬思想家塞涅卡曾經寫道：
化解衝突的最好良藥，就是含有幽默感成份的機智。

遇到不如己意的事情，要當場發脾氣很容易，困難的是克制自己的怒氣，
用幽默的方法說出自己的想法，用幽默的方式化解可能的衝突。
機智幽默是人際互動的最佳應變智慧，千萬別讓不懂幽默毀了自己！

動不動就暴怒，跟別人發生衝突，不但無法解決問題，
更會突顯自己的粗俗幼稚，真正有智慧的人，即使被激怒，
也會選擇用幽默的方式化解可能上演的衝突。

塞德娜 編著

公孫龍策—編著

赫胥黎曾經寫道：
人生最大的悲哀，就是純真的想法，
往往被醜陋的事實扼殺。

確實如此，心思單純的人固然最受人稱讚，但也最容易被有心人坑騙，淪為任人宰割的豬頭。
正因為醜陋的人性讓人防不勝防，現實的社會中才會充滿各種陷阱與幻鬥，處處可以見到詐欺、坑騙、巧取豪奪、過河拆橋、落井下石……等等讓人瞠目結舌的負面情事。

現實很殘酷，你必須學點

UNDERSTANDING OF
HUMAN NATURE

人性擒拿術

純真過頭，
只會淪為任人坑殺的豬頭

現實很殘酷，所以你必須多學一點人性擒拿術。
在狡詐的人性叢林裡，如果你不想成為別人欺壓、算計的對象，那麼，就得具備一些做人做事的心計，
才不會被坑被騙被賣之後欲哭無淚……

用幽默 Humorous way to say your opinion 的方式化解衝突

古羅馬思想家塞涅卡曾經寫道：「化解衝突的最好良藥，就是含有幽默感成份的機智。」
其實，面對衝突，毫不畏懼的人，充其量只能稱做是匹夫，但是面對衝突，能控制情緒，
並且懂得運用機智和幽默來代替衝突的人，才是真正有智慧的勇者。

《寫人不必寫得罪人》
系列暢銷作家
文彥博 編著

活用幽默的智慧，
輕鬆替自己解圍

Thick Black Theory is a philosophical treatise written by Li Zongwu, a disgruntled politician and scholar born at the end of Qing dynasty. It was published in China in 1911, the year of the Xinhai revolution, when the Qing dynasty was overthrown.

Thick
Black
Theory

厚黑學

你不能不知道的生存厚黑法則

完全使用手冊

你不能不知道的生存厚黑法則

Black
Theory

Thick Black Theory is a philosophical treatise written by Li Zongwu, a disgruntled politician and scholar born at the end of Qing dynasty. It was published in China in 1911, the year of the Xinhai revolution, when the Qing dynasty was overthrown.

心理作戰篇

莎士比亞曾經寫道：

「雖然我不想有意詐騙世人，
可是為了防止自己被人出賣，
我必須學習並且活用這套手段。」

這句話提醒我們，想在競爭激烈的現實社會存活，
每個人都必須學會生存厚黑法則，
無論是面對你的仇人或是友人，
都不能傻楞楞地將自己的一切暴露無遺。
因為，他們當著你的面前或許會稱讚你老實、坦誠，但是在背後，
誰知道會不會利用你的坦白來陷害你……

Thick Black Theory is a philosophical treatise written by Li Zongwu, a disgruntled politician and scholar born at the end of Qing dynasty. It was published in China in 1911, the year of the Xinhai revolution, when the Qing dynasty was overthrown.

王照 編著

生活講義

145

改變態度，你就會幸福全集

作　　　者　千江月
社　　　長　陳維都
藝術總監　黃聖文
編輯總監　王　凌
出 版 者　普天出版社
　　　　　新北市汐止區康寧街 169 巷 25 號 6 樓
　　　　　TEL / (02) 26921935 (代表號)
　　　　　FAX / (02) 26959332
　　　　　E-mail：popular.press@msa.hinet.net
　　　　　http://www.popu.com.tw/
　　　　　郵政劃撥 19091443 陳維都帳戶
總 經 銷　旭昇圖書有限公司
　　　　　新北市中和區中山路二段 352 號 2F
　　　　　TEL / (02) 22451480 (代表號)
　　　　　FAX / (02) 22451479
　　　　　E-mail：s1686688@ms31.hinet.net
法律顧問　西華律師事務所・黃憲男律師
電腦排版　巨新電腦排版有限公司
印製裝訂　久裕印刷事業有限公司
出 版 日　2019 (民 108) 年 5 月第 1 版
ＩＳＢＮ◎978-986-389-617-3　　條碼 9789863896173
Copyright◎2019
Printed in Taiwan ,2019 All Rights Reserved

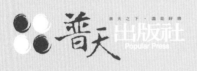

普天之下・盡是好書

普天出版社
Popular Press